Haneda Airport OmoshiroJITEN

羽田空港
おもしろ事典

「東京の空の玄関」の**不思議とヒミツ**

羽田航空宇宙科学館推進会議

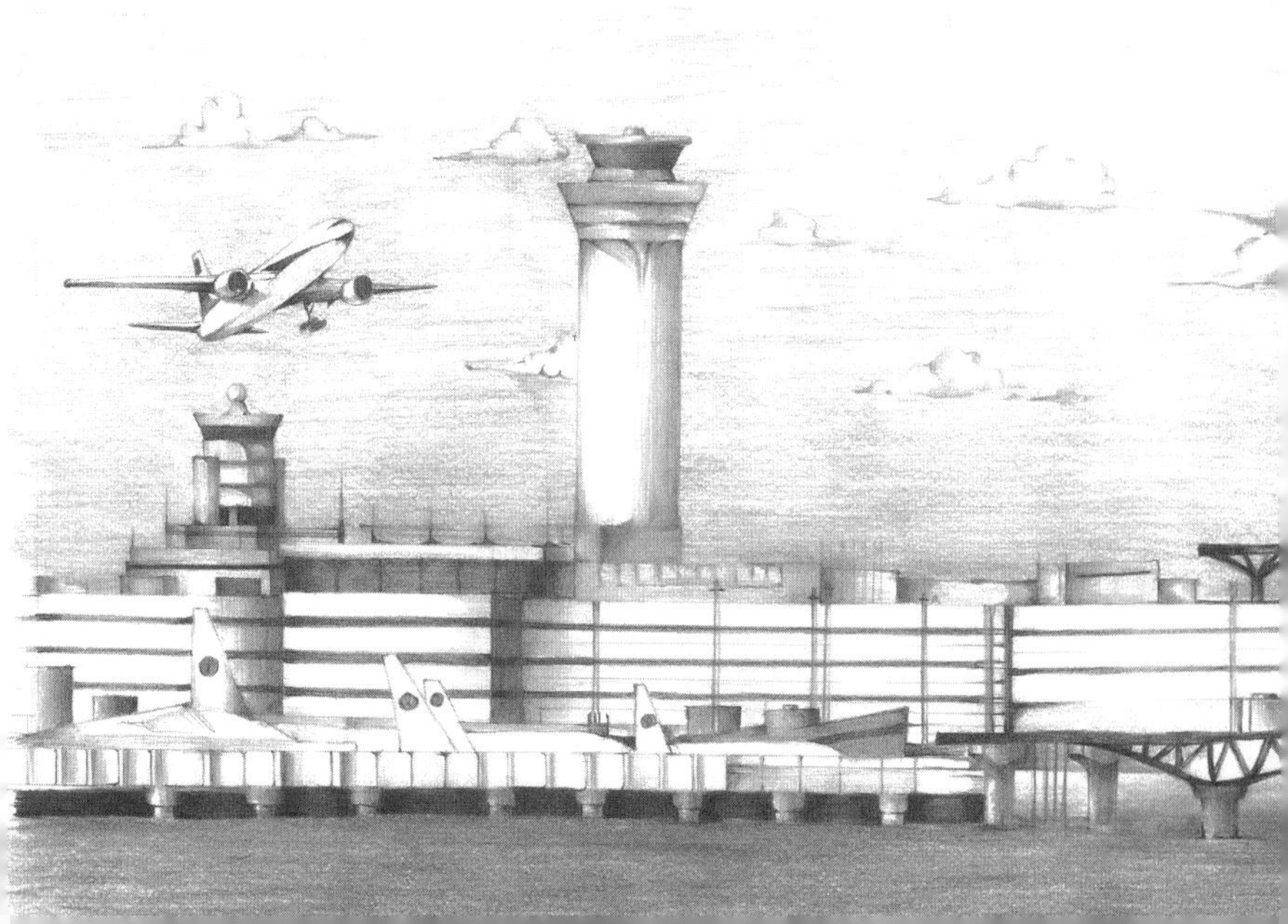

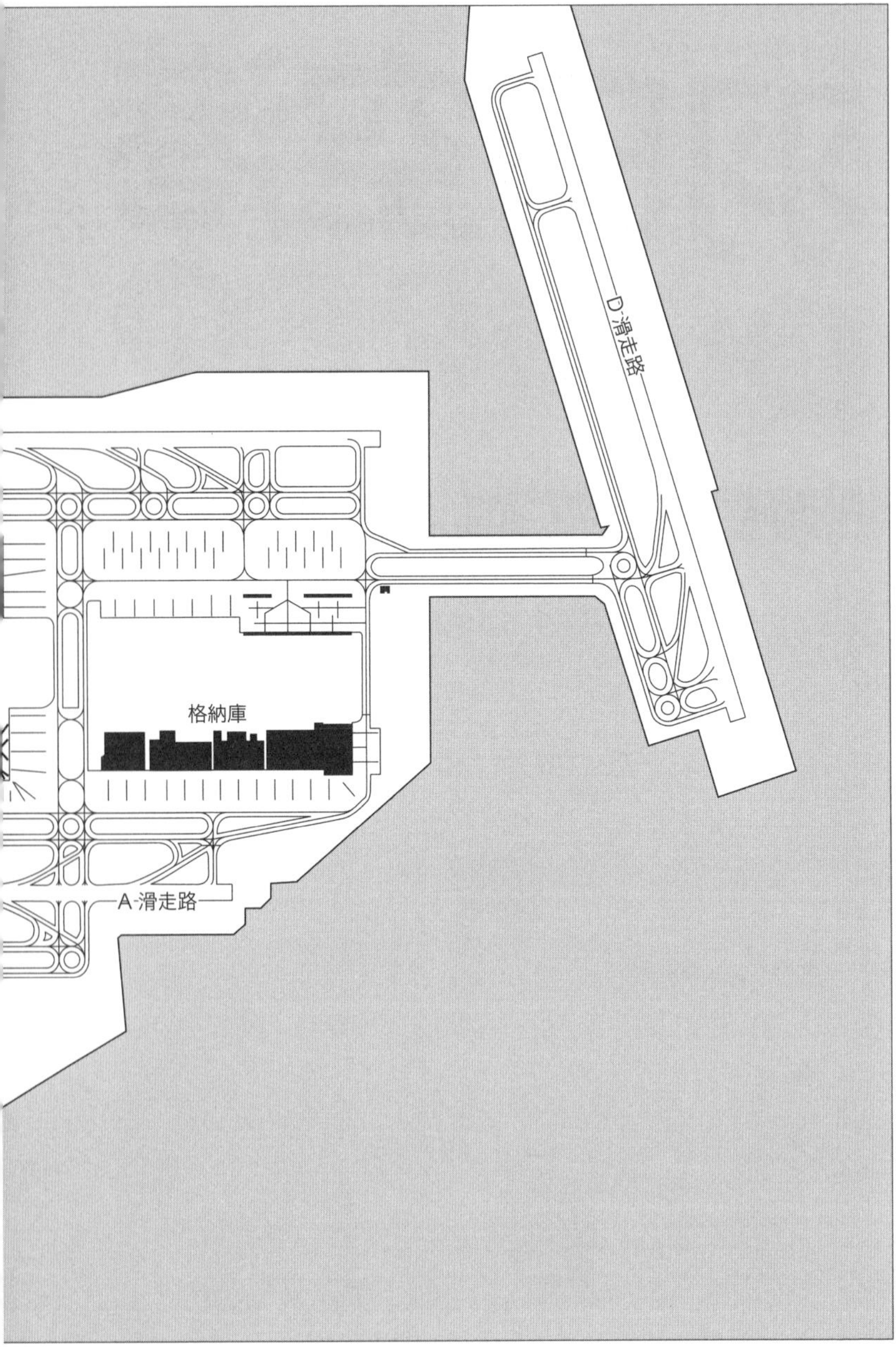
D-滑走路
格納庫
A-滑走路

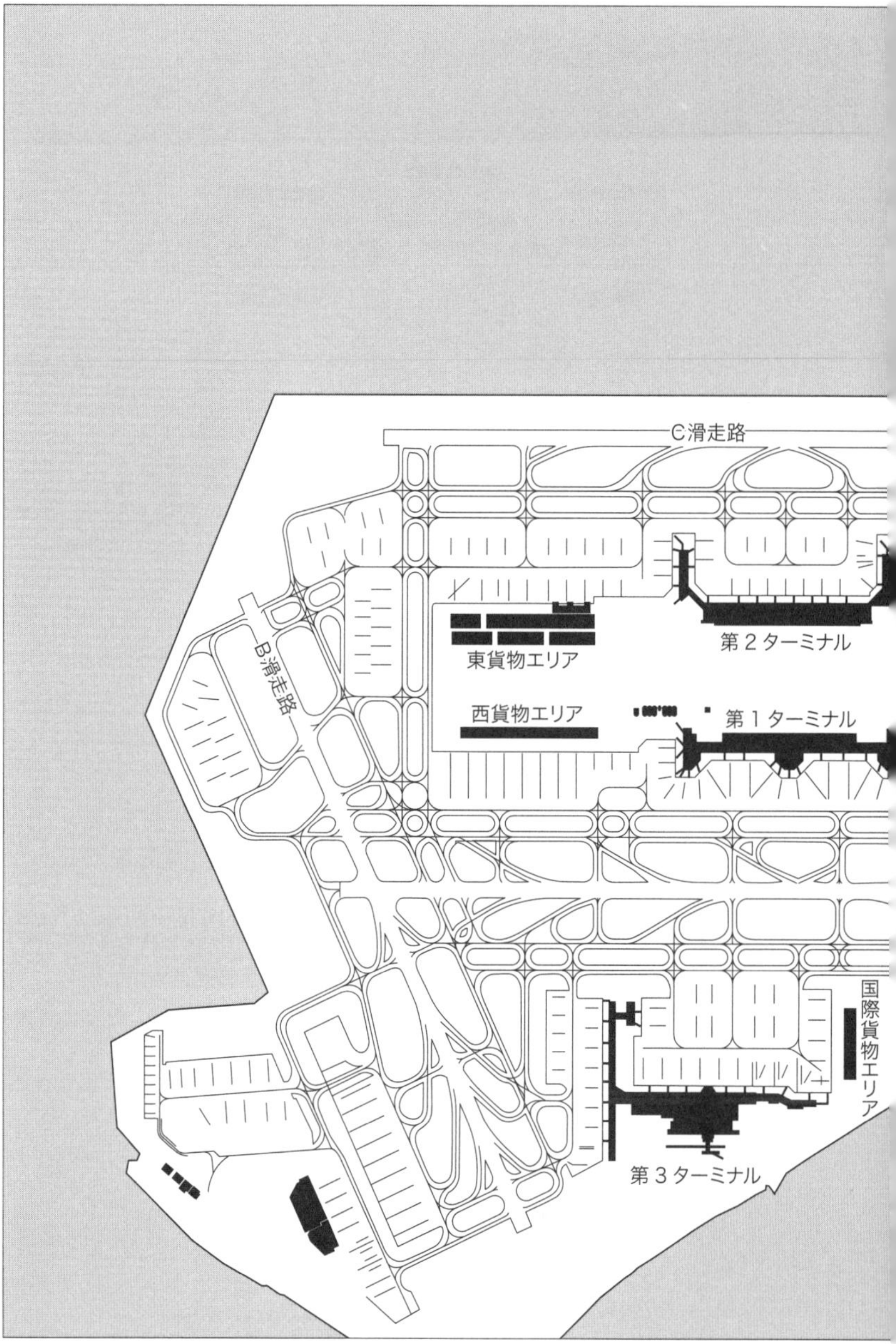
C滑走路
B滑走路
東貨物エリア
第２ターミナル
西貨物エリア
第１ターミナル
国際貨物エリア
第３ターミナル

B1F
第2ターミナル連絡通路
京急線／東京モノレール改札口

案内カウンター　お手洗　ベビールーム　エレベーター　エスカレーター
AED（自動体外式除細動器）　カート置場　喫煙室　公衆電話
コインロッカー　東京モノレール　京急線

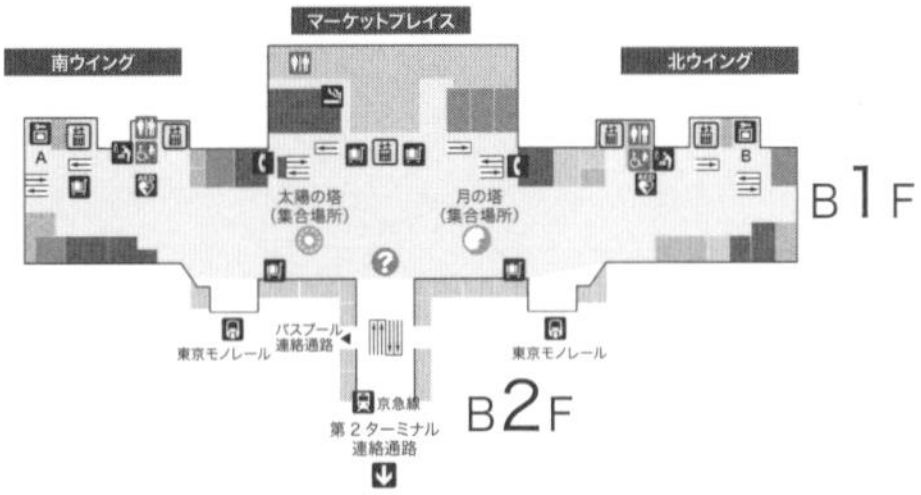

1F
到着ロビー

案内カウンター　お手洗　ベビールーム　エレベーター　エスカレーター
AED（自動体外式除細動器）　補助犬トイレ　交番　カート置場　喫煙室
公衆電話　郵便ポスト　コインロッカー　更衣室　お忘れもの
バス乗り場　タクシー乗り場　ハイヤー　身障者専用乗降場

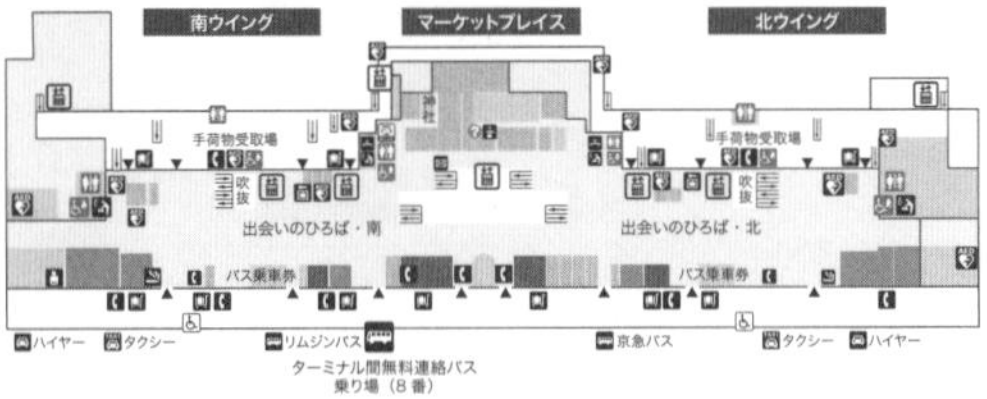

2F
出発ロビー

案内カウンター　お手洗　ベビールーム　エレベーター　エスカレーター
階段　AED（自動体外式除細動器）　交番　カート置場　喫煙室
公衆電話　郵便ポスト　コインロッカー　パソコン・インターネット
身障者専用乗降場　駐車場　パッキングエリア

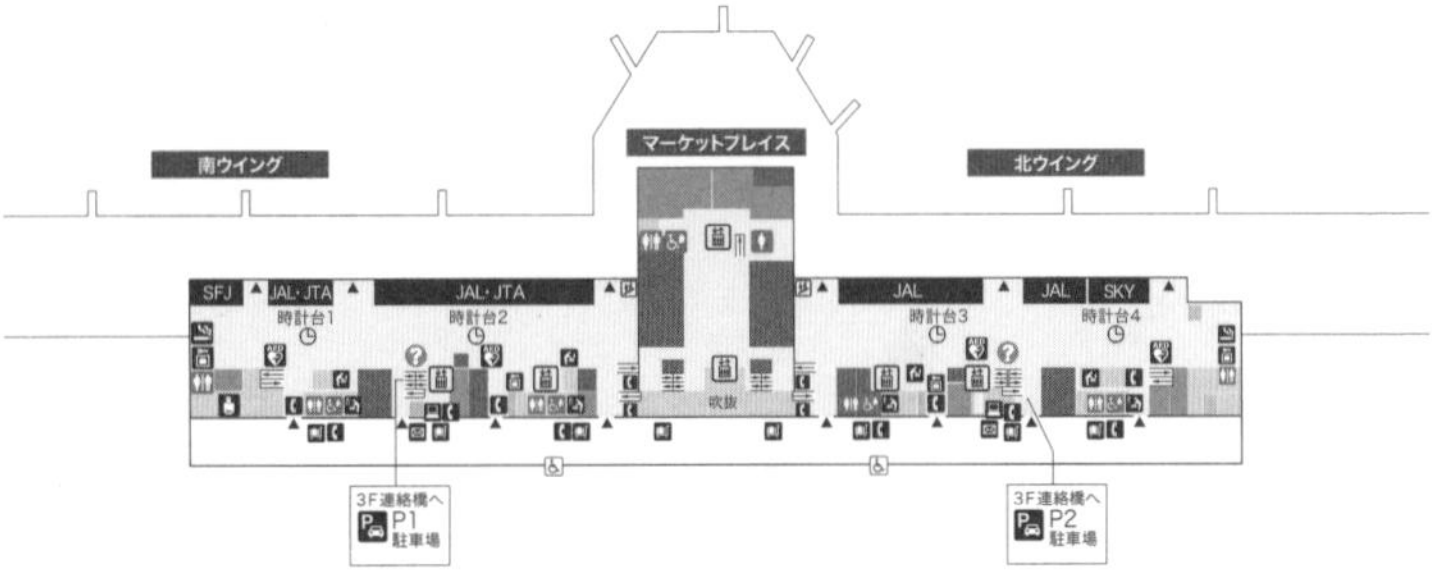

2F
出発ゲートエリア

お手洗　ベビールーム　エレベーター　エスカレーター
AED（自動体外式除細動器）　動く歩道　カート置場
パソコン・インターネット　カームダウン・クールダウン

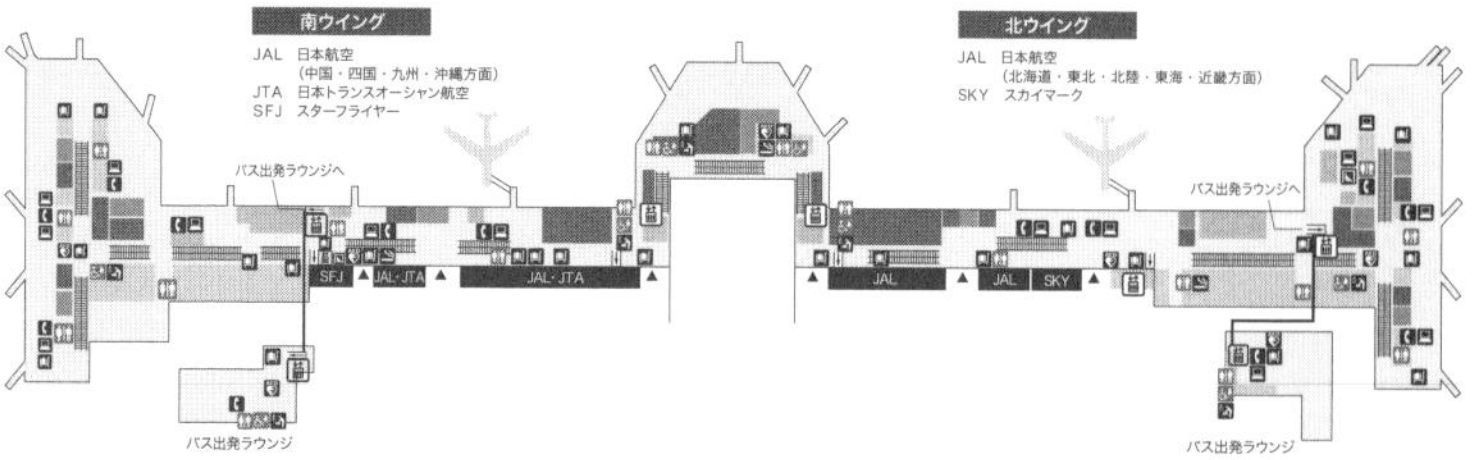

3F
ショップ&レストラン
駐車場連絡橋

お手洗　エレベーター　エスカレーター　階段
AED（自動体外式除細動器）　喫煙室　公衆電話　駐車場

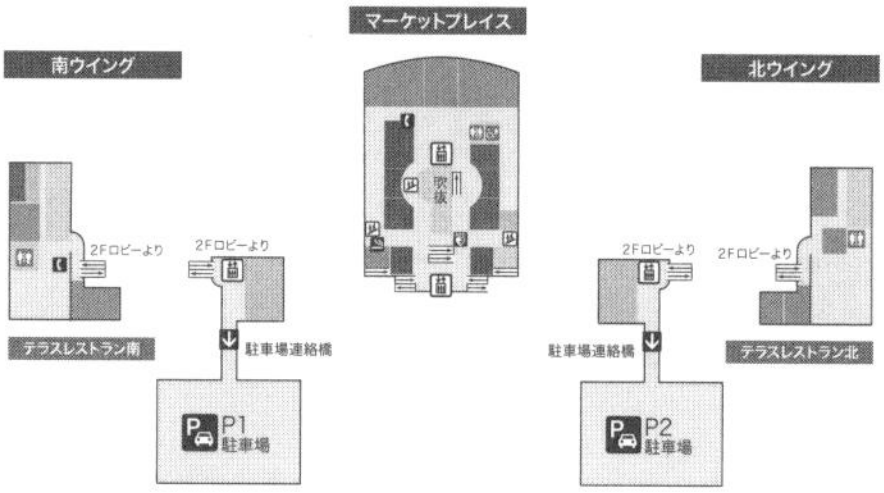

4~RF
ショップ&レストラン
多目的ホール・展望デッキ

お手洗　エレベーター　エスカレーター　階段
AED（自動体外式除細動器）　喫煙室　公衆電話

4F

5F

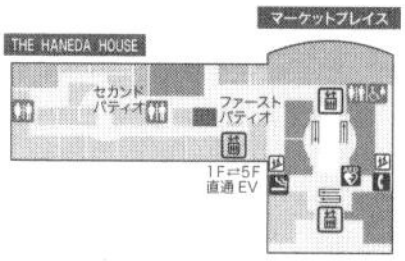

6F

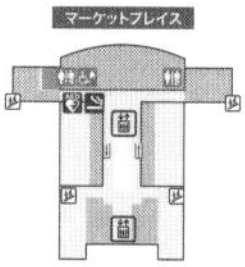

RF

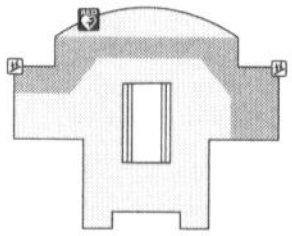

B1F
第1ターミナル連絡通路　京急線／東京モノレール改札口

案内カウンター　お手洗　エレベーター　エスカレーター　AED（自動体外式除細動器）　カート置場　喫煙室　公衆電話　東京モノレール　京急線

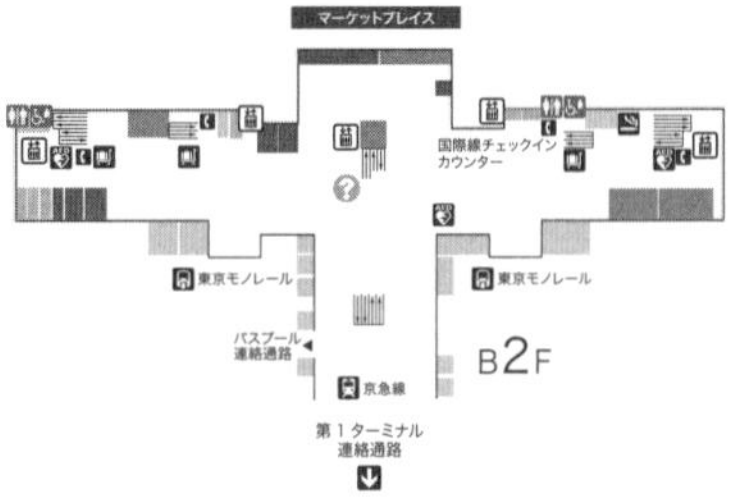

1F
国内線到着ロビー

お手洗　ベビールーム　エレベーター　エスカレーター　AED（自動体外式除細動器）　動く歩道　交番　カート置場　喫煙室　公衆電話　郵便ポスト　コインロッカー　バス乗り場　タクシー乗り場　ハイヤー　身障者専用乗降場

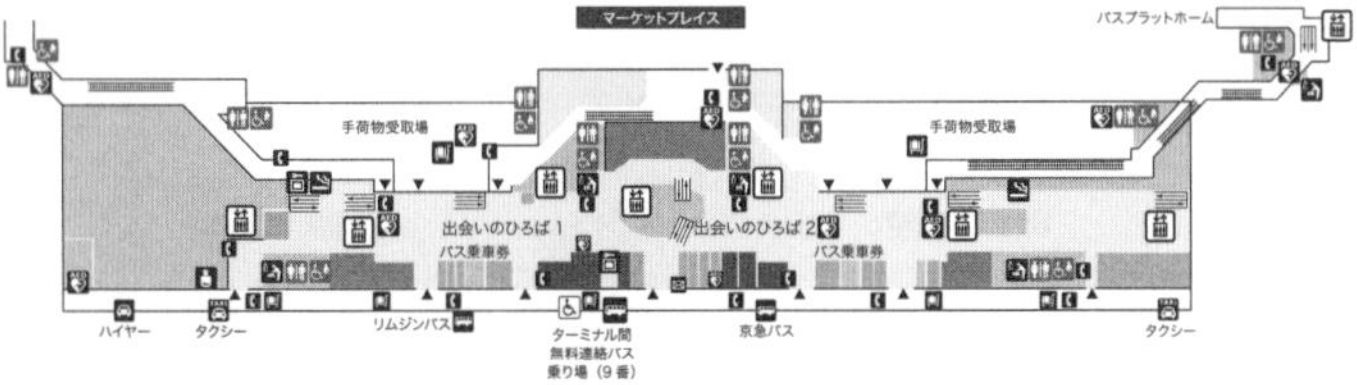

2F
国内線出発ロビー

案内カウンター　時計台　お手洗　ベビールーム　エレベーター　エスカレーター　AED（自動体外式除細動器）　補助犬トイレ　交番　カート置場　喫煙室　公衆電話　郵便ポスト　コインロッカー　身障者専用乗降場　パッキングエリア

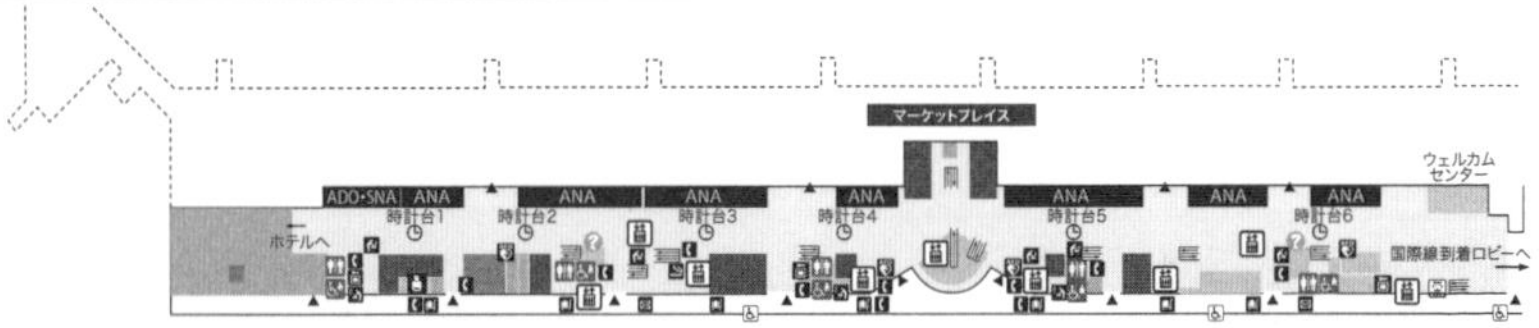

2F
国内線出発ゲートエリア

お手洗　ベビールーム　エレベーター　エスカレーター　AED（自動体外式除細動器）　動く歩道　カート置場　喫煙室　公衆電話　パソコン・インターネット　カームダウン・クールダウン

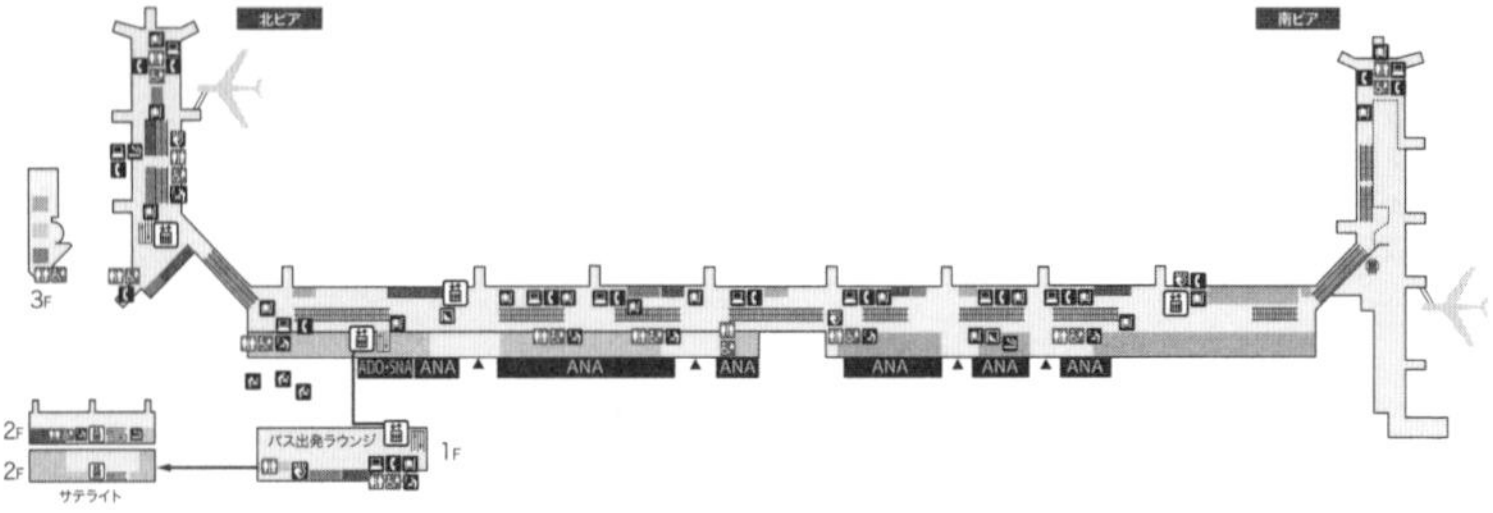

2F
国際線到着ロビー

案内カウンター　時計台　お手洗　ベビールーム　エレベーター
エスカレーター　補助犬トイレ　階段　カート置場　コインロッカー

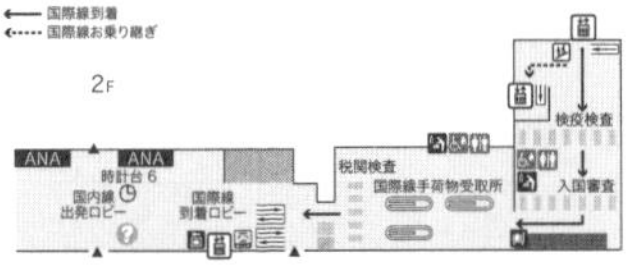

3F・4F
ショッピング&レストラン　駐車場連絡橋／国際線出発ロビー

案内カウンター　お手洗　ベビールーム　エレベーター　エスカレーター
AED（自動体外式除細動器）　インフォメーションフォン　動く歩道
カート置き場　喫煙室　公衆電話　コインロッカー　祈祷室　駐車場

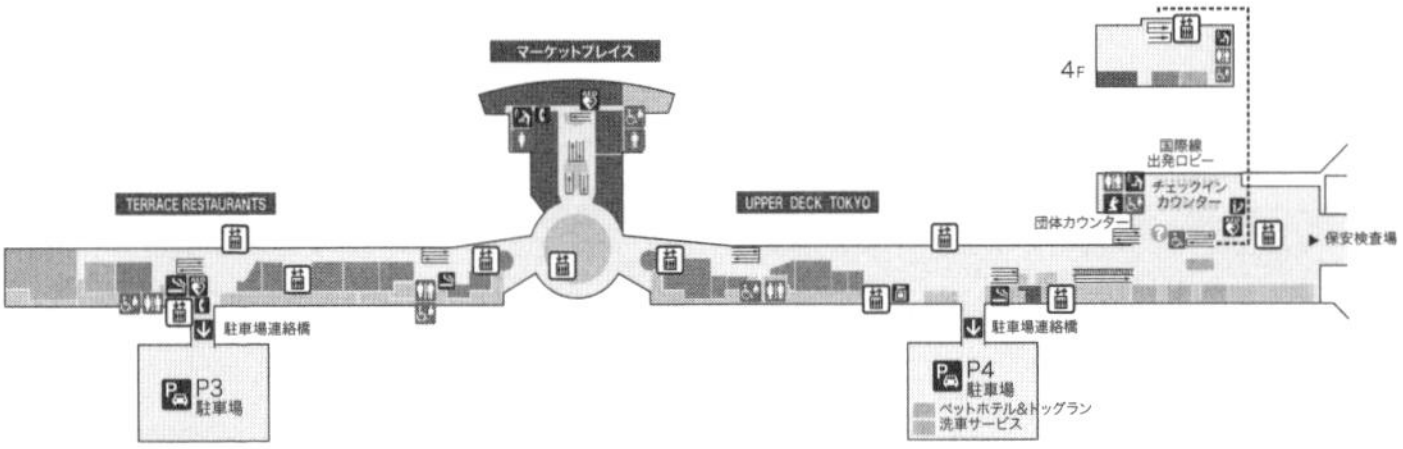

3F・2F・1F
国際線出国エリア

案内カウンター　お手洗　ベビールーム　エレベーター　エスカレーター　インフォメーションフォン
AED（自動体外式除細動器）　動く歩道　喫煙室　公衆電話　パソコン・インターネット　祈祷室

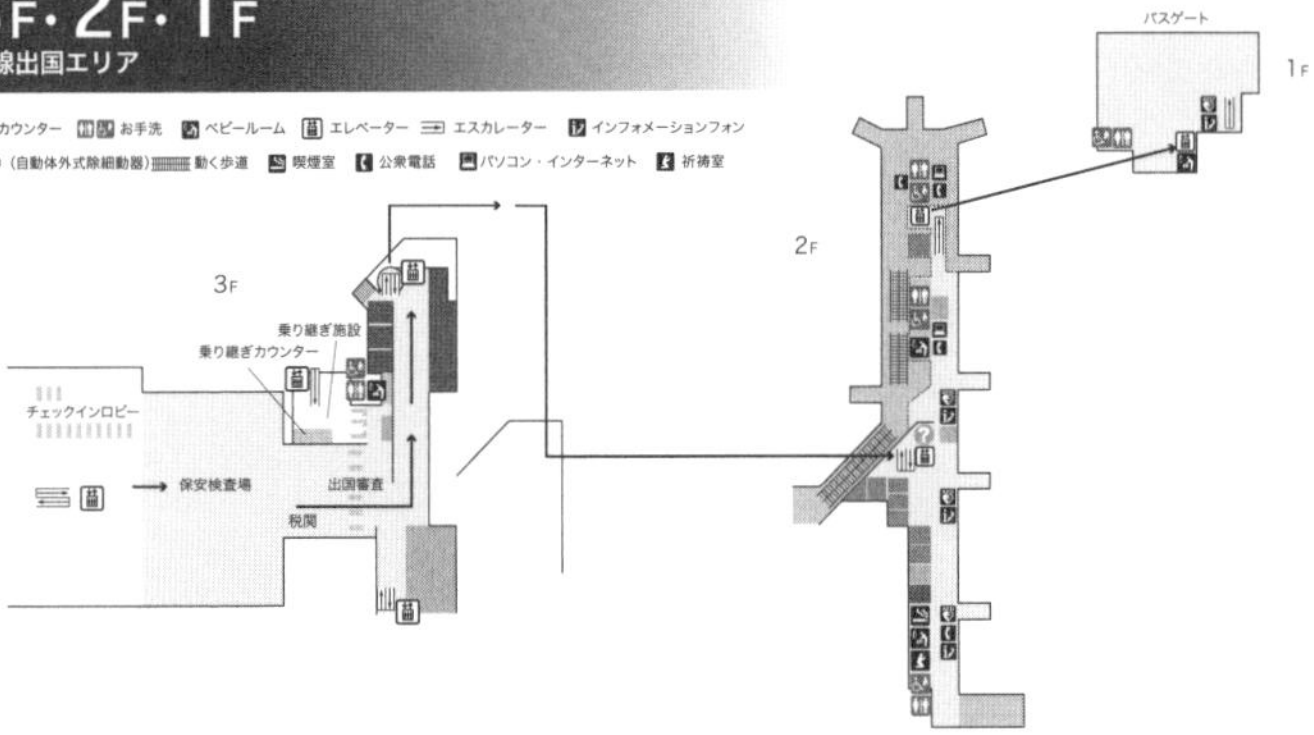

4〜5F
ショッピング&レストラン・展望デッキ

お手洗　ベビールーム　エレベーター　エスカレーター
AED（自動体外式除細動器）　喫煙室　公衆電話

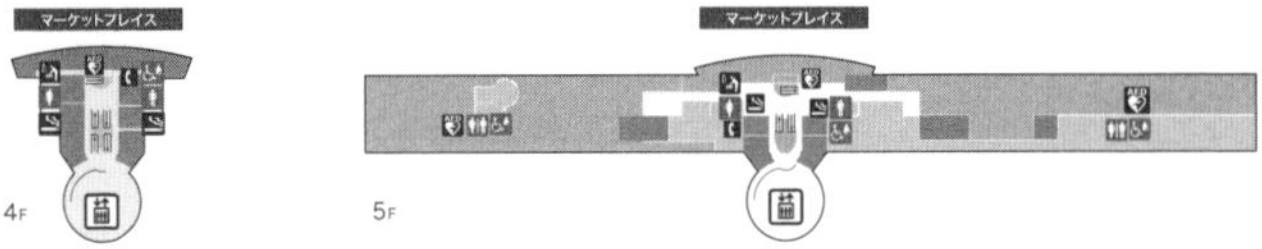

1F
第3ターミナル

ご出発

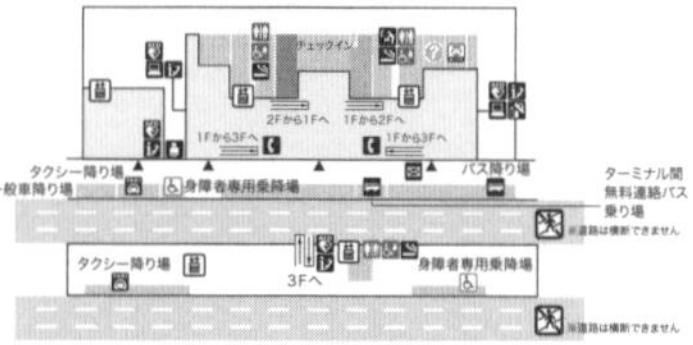

到着・乗り継ぎ

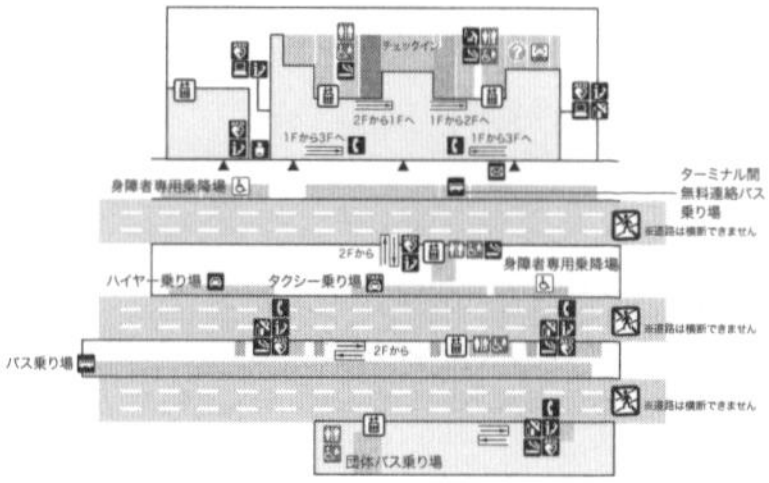

2F
第3ターミナル

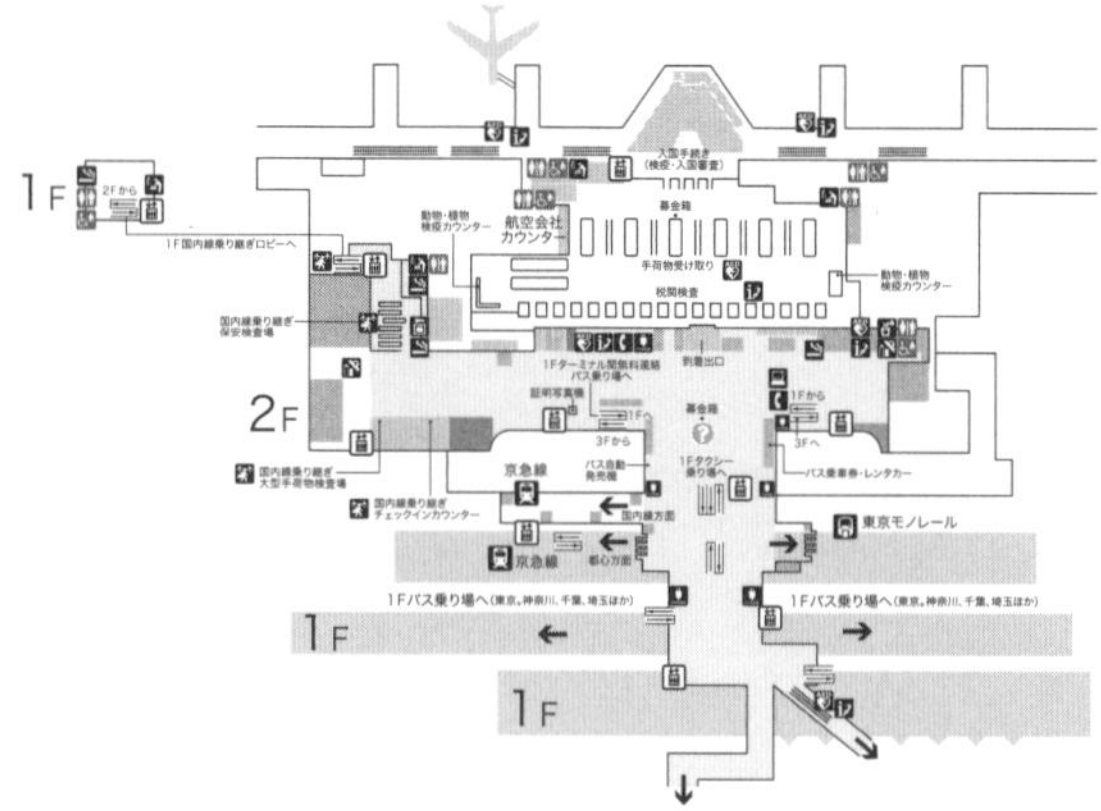

3F
第３ターミナル

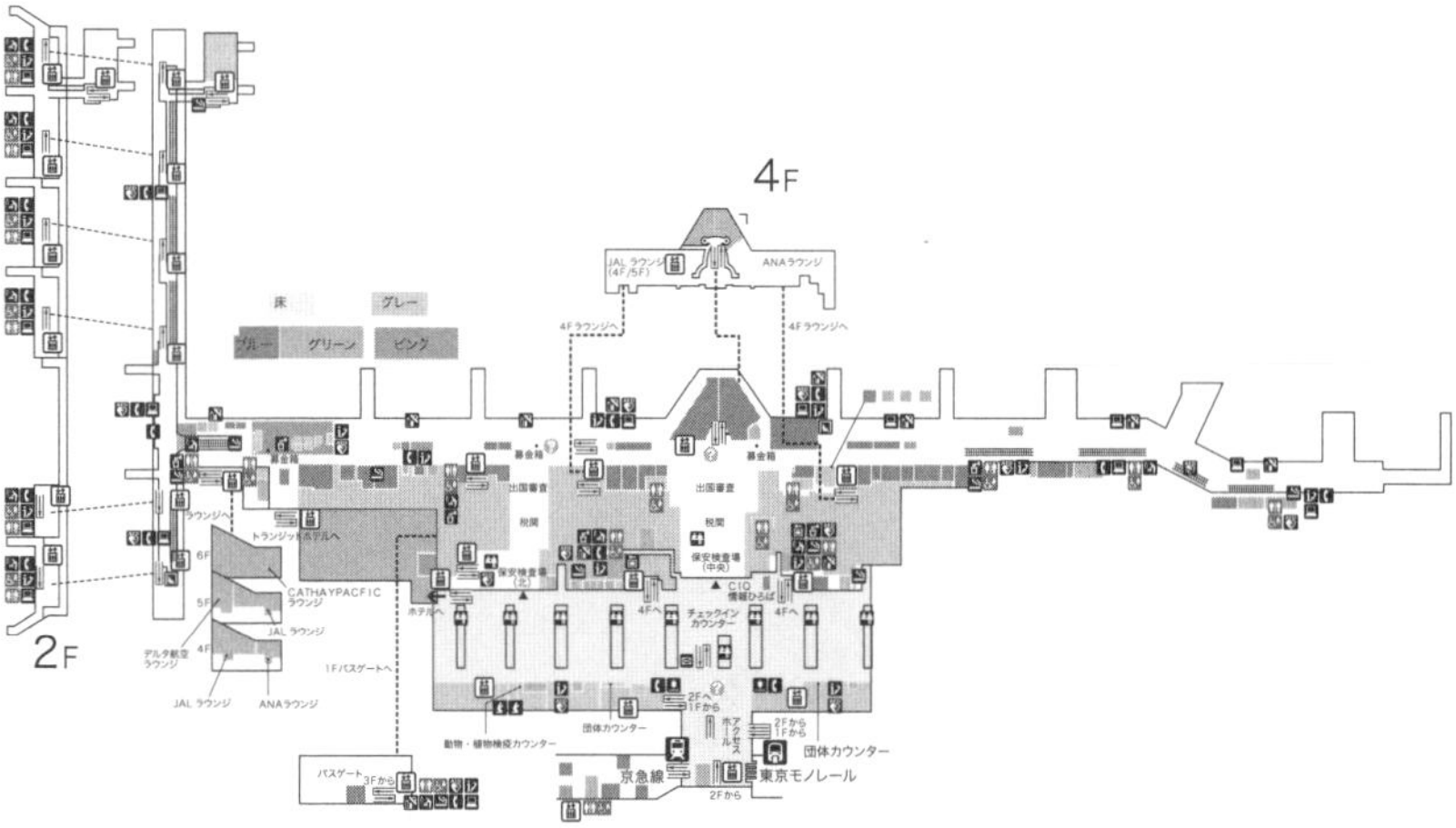

4F
第３ターミナル

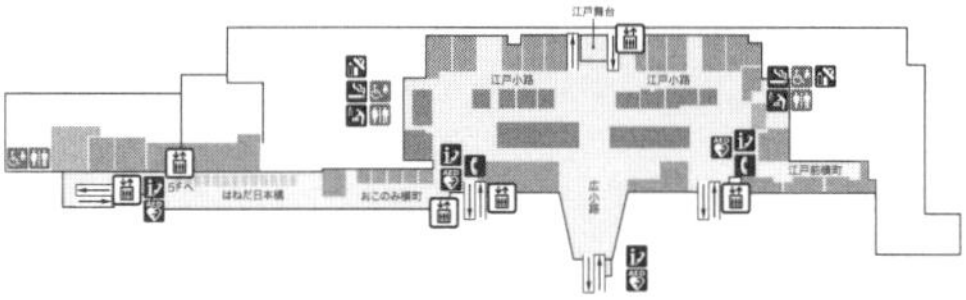

5F
第３ターミナル

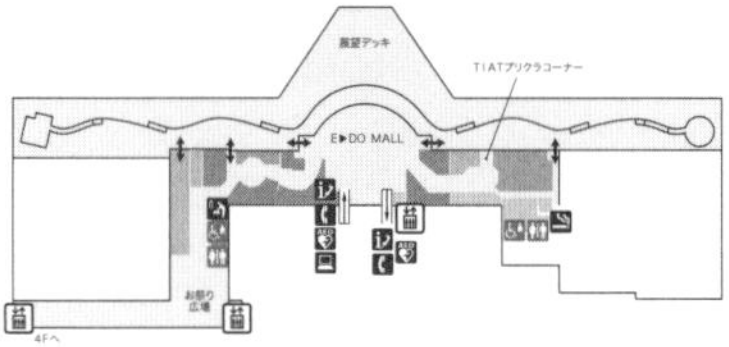

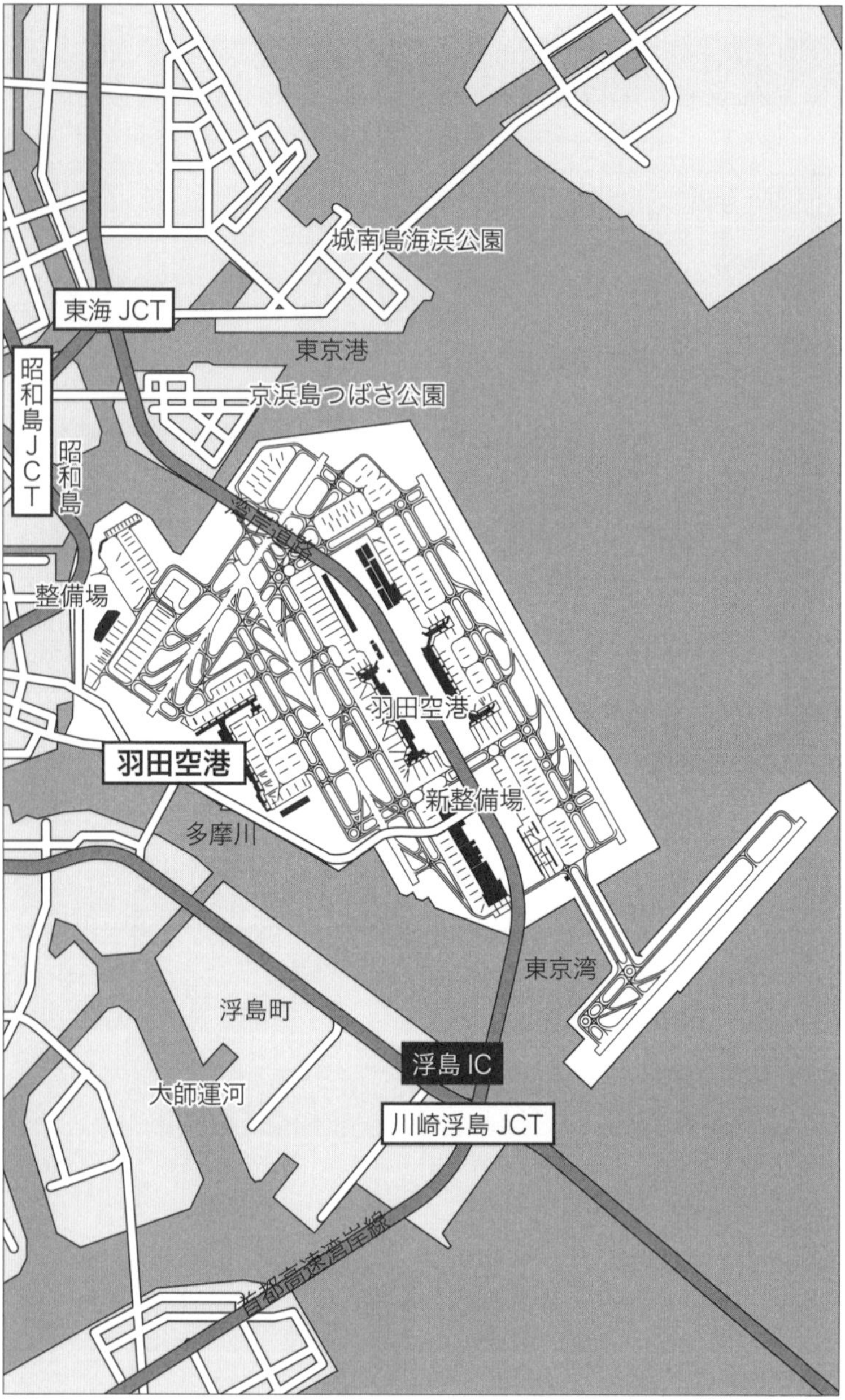
城南島海浜公園
東海 JCT
東京港
昭和島JCT
京浜島つばさ公園
昭和島
湾岸道路
整備場
羽田空港
羽田空港
新整備場
多摩川
東京湾
浮島町
浮島 IC
大師運河
川崎浮島 JCT
首都高速湾岸線

Contents

羽田空港おもしろ事典　目次

Chapter 2 羽田が日本の空の玄関口になるまで 羽田空港の現代史・・・47

Chapter 4 知っておきたい羽田空港の設備 空港施設と働く人たち・・・137

注記 本書では羽田空港のターミナルビルについては下記のように位置付けています。
初代ターミナルビル：1931年〜1955年まで
二代目ターミナルビル：1955年〜1993年まで
現第1ターミナルビル：1993年〜
現第2ターミナルビル：2004年〜
現第3ターミナルビル（前国際線ターミナルビル）：2010年〜

Prologue

プロローグ
日本一の羽田空港の今を知る

羽田空港は日本が誇る世界有数の大空港

羽田空港の正式名称は、「東京国際空港」。日本の空港は空港法により、拠点空港、地方管理空港、その他の空港、そして共用空港の4つに分けられ、羽田空港は拠点空港に区分されている。拠点空港は全国に28あり、それらはさらに会社管理空港、国管理空港、そして特定地方管理空港に分類され、羽田空港は国管理空港となっている。すなわち羽田空港は拠点空港であり、国管理空港に分類される。

羽田空港の面積は、大田区の約4分の1で、これは約24万人が住む渋谷区の面積とほぼ同じである。住所は東京都大田区羽田空港1丁目から3丁目、住民はゼロとなっている。羽田空港には、約1000カ所の企業や行政機関があることから、住居法に基づき住所が定《さだ》められた。

羽田空港には2024年2月現在、国内線50路線、国際線52路線が就航していて、1日に1200回以上の発着が行われ、毎日20数万人が利用している。羽田空港は24時間運用で、深夜の時間帯は東京湾側のC滑走路とD滑走路が使われている。羽田空港以外の24時間運用の国内の空港は、新千歳空港、中部空港、関西空港、北九州空港、そして那覇空港である。

イギリスの航空格付会社であるスカイトラックス社が発表した2023年国際空港評価で、総合ランキングは世界第3位となった。部門別では、「世界で最も清潔な空港」で8年連続10回目の第1位、国内線空港総合評価部門で11年連続世界第1位、さらに高齢者、障がいのある方やケガをされた方に配慮された施設の評価部門でも5年連続第1位となった。これらを総合して羽田空港は10年連続で世界最高評価「5スターエアポート」を獲得している。

このように羽田空港は、質、量とも世界的に最高評価の空港であることがわかる。

Prologue

統計データで見る羽田空港と国内外の空港との比較

2019年度のデータによれば、羽田空港は面積1515ha、年間旅客数8740万人（国内6890万／国際1850万人）、発着回数1255回／日（国内1012／国際243回／日）と、すべてにおいて日本一の規模を誇る巨大空港である。

年間旅客数で比較すると、第2位は成田空港4240万人（国内760万／国際3480万人）、第3位は関西空港3180万人（国内700万／国際2480万人）、第4位は福岡空港2470万人（国内1830万／国際640万人）、第5位は新千歳空港2460万人（国内2070万／国際390万人）となる。

国内航空路線の旅客数で見ても、羽田空港を発着する航空路線がトップ5を占める。羽田空港と新千歳、福岡、那覇、伊丹、そして鹿児島を結ぶ路線だ。

国際的に比較してみると、年間旅客数では第5位となっている。第1位はアトランタ国際空港で1億1050万人、第2位は北京首都国際空港の1億人、第3位はロサンゼルス国際空港の8810万人、第4位はドバイ国際空港8640万人。6位以下には、ロンドン・ヒースロー空港やシカゴ・オヘア空港が続いている。

航空路線では、世界で最も忙しい国内線ランキングで、羽田空港と新千歳間が第2位、福岡間が第3位、那覇間が第7位となっている。

面積で比較すると、上位5位の空港のうち、羽田空港より広いのはアトランタ国際空港1902haとドバイ国際空港2900haで、他は1300〜1400haで羽田空港と同じような規模となっている。さらに滑走路の本数では、羽田空港が4本、アトランタ国際空港が5本、北京首都国際空港が3本、ロサンゼルス国際空港が4本、ドバイ国際空港が2本となっている。

Column

羽田空港の空港コードは「HND」「RJTT」の2種類ある

世界中には約1万の空港があり、各空港はアルファベット3文字、もしくは4文字による「空港コード」で識別されている。預けた荷物のタグや搭乗券に書き込まれるのが、それである。空港コードには2種類あり、アルファベット3文字は国際航空運送協会（IATA）によるもので羽田空港は「HND」、アルファベット4文字が国際民間航空機関（ICAO）によるもので羽田空港は「RJTT」となっている。

Prologue

羽田空港は進化し続ける日本の「サグラダ・ファミリア」

詳細はChapter1と2で述べるが羽田の歴史を振り返ってみると、江戸時代に始まった鈴木新田の干拓《かんたく》から穴守稲荷《あなもりいなり》神社の隆盛期、そして昭和初期の東京飛行場時代、占領期、戦後の高度成長期を経《へ》て沖合展開事業、そして現在まで240年近くこの地は工事が続いているといっていいだろう。

実際、2023年度の羽田空港でも京浜急行電鉄（京急）の「第1・第2ターミナル駅引上線」、JR東日本（JR）の「羽田空港アクセス線」、日本空港ビルデングの「第1ターミナルビル北側サテライト増築」など、新たな工事が始まっている。

かつての二代目ターミナルビルにしても、空港そのものにしても常に工事を繰り返してきたので、当時の写真を見れば時代がかなり特定できるほどであった。

こうした公共施設に対する、私たちが持つイメージは、最初に完成形を示すグランドデザインがあり、そこから数次の工事を経て最終完成に至るという道筋だろう。

ところが、羽田空港ではそうしたグランドデザインを今までも見たことがないし、おそらく将来もないだろう。

では、工事はいつ終わるのかといえば、それも誰もいえないというのが羽田なのである。

このような「永遠に未完の羽田」を、着工から140年以上経《た》っても完成しないアントニ・ガウディ設計の「サグラダ・ファミリア」にたとえることもできるが、しかし激しく変動する社会や経済状況と技術革新著《いちじる》しい航空機技術を考えると、20年、30年も先のグランドデザインを引くこと自体がナンセンスなのかもしれない。

事実、時代のさまざまな状況に応じ、柔軟に施設や空港機能のスクラップ・アンド・ビルドを繰り返してきたことが、開港から90年を超えてもなお、羽田が世界でトップクラスの国際空港であり続けている理由の一つであろう。そしてこれを可能にしてきたのが、羽田の立地にあったことはいうまでもない。

Prologue

変貌する羽田空港の未来の姿を創造する

未来の羽田空港は、どうなっているのだろうか。

日本を支える産業として観光立国を目指している政府は、2030年に訪日客6000万人を目標に掲げている。

2020年の新型コロナウイルス感染症（COVID-19）拡大により航空需要も激減したが、2023年にはコロナ禍前の水準までほぼ戻り、今後も年率3％での成長が見込まれている。

利便性から羽田への乗り入れを希望する海外エアラインは多く、空港の受入機能が再び問題となっているが、解決策の一つとして第5の滑走路、つまりE滑走路の計画が国土交通省の首都圏空港機能強化技術検討小委員会で提案されている。ただ滑走路を増やせば事足れりという話でなく、これに伴う膨大な問題を解決する必要があり、今日明日で何とかなるということではない。

そこで羽田空港だけでなく、成田空港や茨城空港、静岡空港といった広域を

E滑走路の５つの案

○既存滑走路に平行に滑走路を1本増設する場合は、下記の5カ所の位置が考えられる

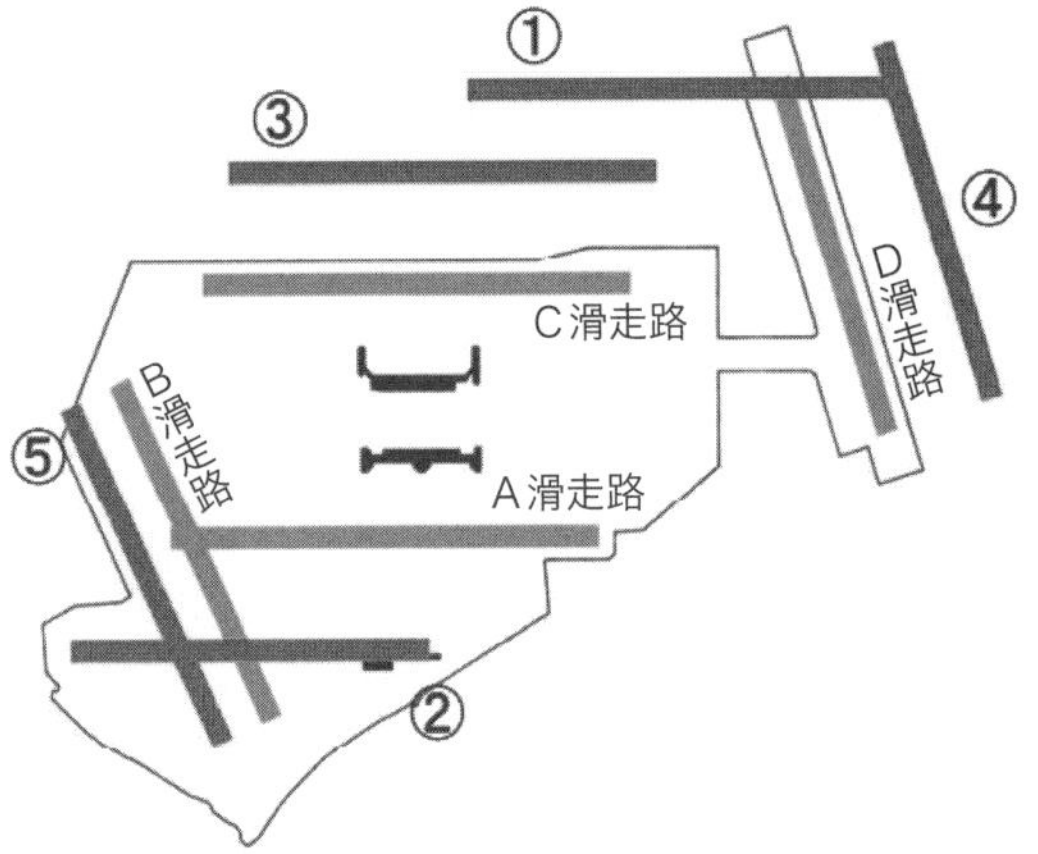

<u>オープンパラレル（1,310m以上間隔）</u>
①C平行滑走路
<u>セミオープンパラレル（760m以上間隔）</u>
②A平行滑走路
③C平行滑走路
④D平行滑走路
<u>クロースパラレル（380m間隔）</u>
⑤B平行滑走路

国土交通省報道発表資料「首都圏空港機能強化技術検討小委員会の中間とりまとめについて　平成26年７月」より

首都圏空港として活用する案などが出されている。そもそも、欧米では首都圏に複数の国際空港があり、増大するトラフィックを各空港で分担するのはもちろん、悪天候や事故時の代替《だいたい》空港としての冗長性といった点でも大変重要なのである。

いずれにせよ、ライト兄弟の「ライトフライヤー」号がキルデビルヒルズで初飛行してから120余年、航空機はその姿や性能、用途を大きく進歩させながら、将来も存在し続けるし、それと共に空港も進化と拡大を続けるだろう。

沖合展開事業の工事が活況を迎えていた1990（平成2）年、東京・大田区の小学生たちが未来の羽田をテーマに描いた絵が、海老取《えびとり》川の西側堤防に壁画として残っている。現在でも第1、第2、第3ターミナルビルにおいて毎年1回「知ってるよ！　ぼくのわたしの羽田空港」をテーマに「大田区小学生大絵画展」が開催されている。

そこには羽田が月や宇宙ステーションへ観光客を運ぶ宇宙港になっていたり、海底深くの基地へ潜水艇が往還するための海中港であったりと、子どもたちの夢は果てしないのである。

Chapter 1

開港前の羽田歴史探訪
中世〜明治初期の羽田

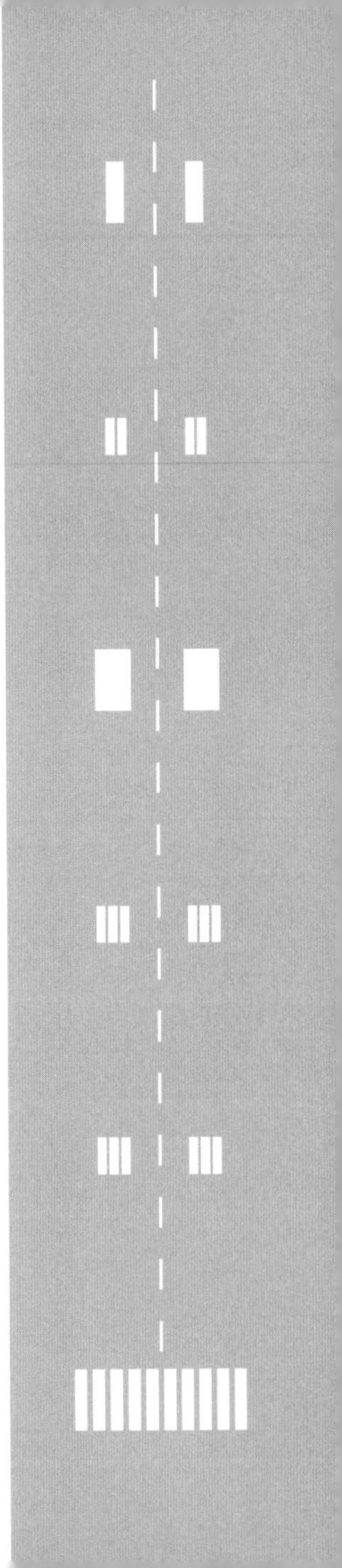

Chapter 1

多摩川の砂から産まれた羽田浦「羽田」という名称の由来

羽田空港は、多摩川と海老取《えびとり》川、そして東京湾に囲まれた「島」である。そのため、「空港島」と呼ぶこともある。

「多麻（摩）川に　さらす手づくり　さらさらに　なにぞこの児《こ》の　ここだ愛《いと》しき」と万葉集に詠《よ》まれた多摩川は、源流の山梨県笠取山《かさとりやま》から中流、下流の東京都と神奈川県の境を流れ、東京湾へと注《そそ》ぐ全長１３８km、流域面積１２４０km²という全国１０９ある一級河川のうち25番目の長さを誇る。

多摩川は首都圏を流れる一級河川の中では、勾配《こうばい》が比較的急な河川であり、中流でも扇状地《せんじょうち》的な特性を残している。土質としては、風化しやすい「土丹《どたん》」というシルト岩、泥岩、粘土などである。かつて多摩川は、上流部からの土砂によりたびたび「暴れ川」として氾濫《はんらん》を繰り返し、河口部の羽田側と川崎側は三角州やデルタとなる氾濫平野であり、さらにあふれた大量の土砂は東京湾へと流れ出し、堆積《たいせき》し、そこに広大な干潟《ひがた》を形成したのである。

「羽田」という地名の由来は、低湿粘土の地を意味する「埴田《はにだ》」や「鳥が多く羽がたくさん落ちていたから」など諸説あるが、平安末期にはすでにこの一帯を「羽田浦」と呼んでいた。江戸後期にあたる天明年間、新田開発のため羽田猟師町名主の鈴木弥五右衛門が、この「羽田浦」の「扇浦（扇が浜）」、「要島」という砂州を堤防で囲い、埋立てたのが「鈴木新田」である。そしてこの「羽田浦」は、江戸の人々にとってはまことに風光明媚《ふうこうめいび》な景勝地だったようだ。

実はこの「鈴木新田」こそが、明治期に関東屈指と呼ばれた穴守稲荷神社《あなもりいなりじんじゃ》の勧請《かんじょう》へと繋がり、さらに大正期は後《のち》に日本の航空界や映画界を支える人材を輩出する「日本飛行学校」の創立から昭和初期の東京飛行場開設、そして現在の羽田空港と発展していく母体となるわけだが、そこには多摩川からの膨大な土砂が大きく関わっているのである。

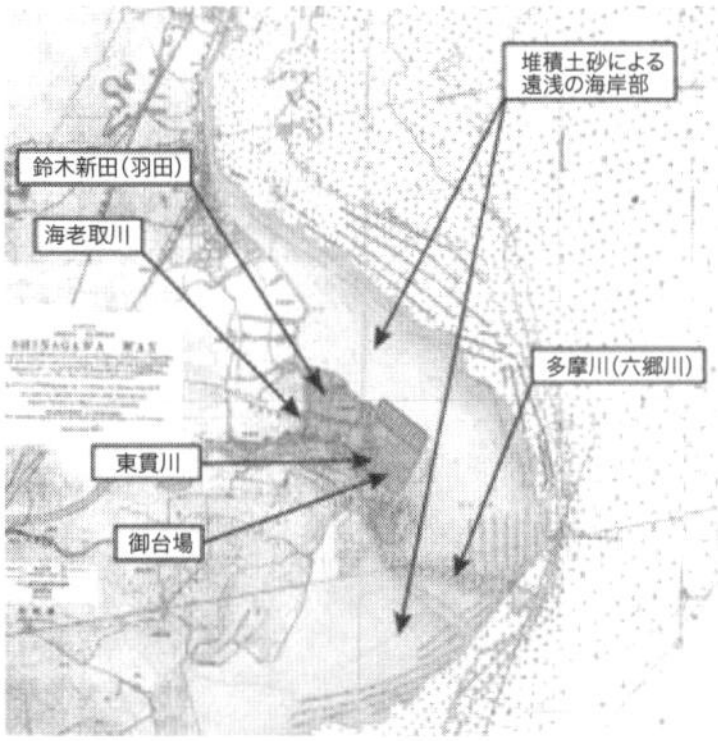

多摩川河口の海底地形図。1945（大正4）年。

Chapter 1

浮世絵にも登場する羽田はすでに江戸の名所だった

羽田空港は年間旅客数8700万人（2019年）を超えるなど、毎日多くの人々が行き交《か》う場所であるが、遠く江戸時代から「羽田浦」は江戸の名所としても知られていた。

そもそも、多摩川の河口にあって魚貝類が豊富に採れる「羽田浦」は、芝金杉浦、本芝浦、品川浦、大井御林浦、生麦浦、新宿浦、神奈川浦とともに将軍家へ新鮮な魚を献上する「御菜八ケ浦」の一つとして幕府から許され、江戸湾における漁猟の優先的特権を有していたのである。

「羽田浦」は漁猟とともに、江戸廻米の船運権益を一手に担《にな》っており、多摩川流域村からの幕府領の城米と旗本知行所などの年貢米を江戸へ回送する「津出し」を、他の介入を許さずに独占して請《うけ》負《お》っていた。

いわば、江戸城の「台所」を任されてきたという、徳川幕府にとって特別の浦であったことが伺えるが、さらにその風光明媚さも江戸の人々に知られるよ

歌川広重『江戸近郊八景之内　羽根田落雁』。羽田空港第３ターミナルビルの「江戸小路」の一角にレプリカが掲げられている。(図提供：大田区立郷土博物館)

うになったのである。

大空には鳥たちが舞い、そして広大に続く遠浅《とおあさ》の干潟と島のように浮かぶ砂州、沖には青々とした江戸湾が広がり、朝日が房総の山にかかる様子や富士山の雪に多摩川の水が映《は》えるさまなど、天保年間の『江戸名所図会』では眺望は最高にすばらしいものであったとしている。

「要島」の「羽田弁財天」には江ノ島と同じ弘法大師の作といわれる弁財天が祀《まつ》られており、「羽田浦」は江戸の近郊にあって、手軽に人々を非日常へと誘う景勝地だったのである。

Chapter 1

「鈴木新田」の開発と穴守稲荷神社の草創

天明年間、羽田猟師町の名主鈴木弥五右衛門が羽田村の名主石井四郎右衛門より「羽田浦」の砂州である「要島」を譲り受け、幕府より開墾の許可を得たのが「鈴木新田」の発祥である。

この鈴木新田は、海岸出洲の干拓による新田開発であったが、江戸期の新田開発上注目するケースであり、多摩川のデルタを利用したという点において特筆すべき事柄だったとされている。

文化年間、新たに鈴木新田として羽田猟師町から独立し、いわゆる羽田三ケ所村を構成する。名主は鈴木弥五右衛門が兼務、そのころの高は六十二石であった。

新田開発に従事した農民は近在農村の分家層であったが、特に大森村からの農民が多く、「大森新田」と別名があったほどだが、現在でもその子孫は羽田に在住している。

デルタにおける新田開発とは、低湿地の周囲に干拓堤防を築き、中の水を抜いていくとともに新たな土砂を入れ、埋め立てていくわけだが、現代にあっても台風や高波、洪水によって堤防が決壊することは珍しくない。まして石積みで築堤していた江戸時代の土木技術では自然の猛威の前に決壊は免《まぬが》れないが、せっかく干拓した田畑が一夜にして使い物にならなくなるのは農民にとってまさに死活問題である。

そこで鈴木弥五右衛門は堤上に祠を勧請し、稲荷大神をお祀《まつ》りしたのが「穴守稲荷神社」の草創である。

それ以来「神霊の御加護あらたかにして風浪の害なく五穀豊穣す」というご神徳《しんとく》にして、「風浪が作りし穴の害より田畑を守り給う稲荷大神」から「穴守稲荷神社」と、多くの人々の崇敬《すうけい》を集めることになるのである。

穴守稲荷神社。御祭神は豊受姫命《とようけひめのみこと》。空港工事の安全祈願、航空業界関係者から個人旅行者まで、航空安全のご加護を得るべく参詣は絶えない。

Chapter 1

穴守稲荷神社に参拝客が殺到
羽田の地は一大テーマパークに

明治期になって「穴守稲荷神社」の一般参詣が許されると、次第に穴守稲荷の不思議な「霊験譚《れいげんたん》」が新聞に紹介されはじめ、東京市内からの参詣客が増えるようになってきた。こうした霊験譚は、「穴守稲荷霊験実記」や「穴守稲荷霊験記」といった歌舞伎の演目として上演されたのである。

さらに、狐《きつね》に由来し招福の徳を得る「御神砂（あなもりの砂）」や、諸病に効く鉱泉「御神水」などのご利益《りやく》が人々を強く惹《ひ》きつけた。

稲荷社といえば鳥居が有名だが、穴守稲荷社前には4万6000超もの鳥居が奉納され、「鳥居の下に入れば雨にも濡れぬ」といわれたほど。明治30年代半ばの穴守稲荷の「講」（崇敬者がつくる団体）は東京、横浜だけで150講、10万人以上の講員から信仰を集め、特に中心となったのは東京元講の元締めで、明治の傑物と呼ばれた牛鍋屋「いろは」の木村荘平とされる。

同じころ、境内に「御山」や「神苑」が整備され、神社周辺でも「鉱泉」が発掘されたことにより鉱泉宿が開業し、海水浴場や競馬場などもつくられるなど、聖と俗が一体となった「大テーマパーク」へと発展を遂げるのである。

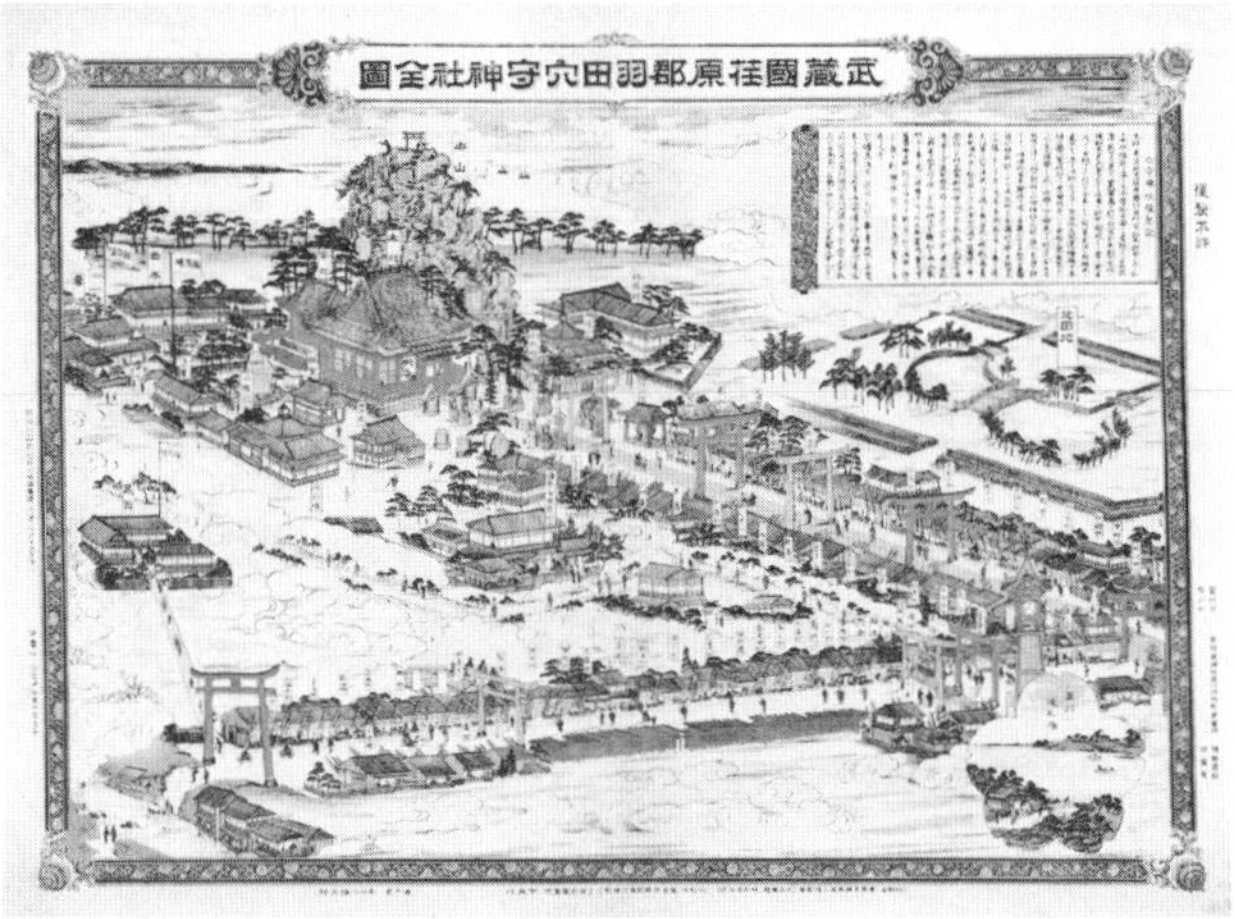

1901（明治34）年発行「武蔵国荏原郡羽田穴守神社全図」。（図提供：大田区立郷土博物館）

中央新聞社の景勝地コンクールで、穴守は国内一という評価を受け、白塗りの大時計台が門前に贈られ、名実とも「関東屈指の稲荷社」となったのである。

もう一つ、神社の北側に京浜電鉄が開業した運動場では、1911（明治44）年にストックホルム五輪のマラソン予選会が行われ、まったく無名だった金栗《かなくり》四三《しそう》が当時の世界記録を27分も縮める大記録を出したことも記憶に留めておきたい。

Chapter 1

羽田空港にアクセスする京浜急行は参詣鉄道から始まった

現在、羽田空港に空港線として乗り入れている京浜急行電鉄（京急）は、1899（明治32）年に多摩川を挟んで羽田の対岸にある川崎と大師河原《だいしがわら》を結ぶ関東初の電気鉄道となる大師線開業から始まった。

すでに「川崎駅」は1872（明治5）年の新橋―横浜間の鉄道開業時に設置されていたが、この時から毎月21日にある川崎大師の縁日のため、日中1時間ごとに臨時列車が出されていたのである。

明治になって神仏習合《しんぶつしゅうごう》が禁止され、政権からの庇護《ひご》を失った全国の寺院は大きな危機を迎えるが、川崎大師（平間寺《へいけんじ》）は境内の拡大や伽藍《がらん》、山門の建築、大師公園の開発、川崎からの新たな参詣道「大師道」の整備など、「寺門興隆策」を打ち出し、東京近郊の参詣地として大きく発展することになる。

「初詣」といえば、古来より日本の伝統行事と思われているが、現在のような初詣の形式になったのは明治中期といわれており、実は成田山新勝寺《なりたさんしんしょうじ》と並び川崎大師がこの行事の先駆けだとされている。

さて、現在の「川崎駅」と川崎大師は直線でも3㎞あり、ここに鉄道を通せば多くの参詣客の輸送を見込めることは誰もが目をつけるところである。これが「参詣鉄道」である。紆余曲折《うよきょくせつ》の末、大師電気鉄道が「川崎駅（旧六郷橋駅）」と「大師駅」間を電車で結ぶ大師線を開通、その年に京浜電気鉄道（京浜電鉄）と社名を改めた。

電気鉄道、すなわち電車は1895（明治28）年に京都電気鉄道が日本で最初に開業したのだが、その4年後に早くも京浜電鉄は参詣鉄道として走らせているのである。設計は、後《のち》の東芝となる東京電燈創業者の一人であり、「日本のエジソン」と呼ばれた藤岡市助《ふじおかいちすけ》だ。

京浜電鉄は大師線の構想とともに、すでに対岸の穴守線を計画していたのである。そして、1902（明治35）年に参詣電車の穴守線を開通させ、「穴守駅（初代）」が誕生した。石炭で走る汽車全盛の明治期にあって電気という技術による電車は、人々を驚かせ、ぜひこれに乗ってご利益ある神社仏閣へ参詣したいと思った人も多かったようだ。

Chapter 1

穴守線開業と羽田の象徴となる大鳥居

穴守線の開通によって穴守稲荷への参詣者はさらに増加するに至り、境内の拡大や施設を充実させていったが、京浜電鉄も神社周辺に運動場や海水浴場を整備させ、巡礼地兼行楽地へと発展させていったのである。

一方、穴守線の終点である「穴守駅」は、海老取川手前の稲荷橋の袂《たもと》にあって、駅を降りた参詣客は徒歩でこの橋を渡り、神社までの長い長い参道を辿《たど》る必要があったため、会社は鉄橋をつくって社頭近くまで延伸する計画を立てたところ、鉄道によってお客を奪われると危惧《きぐ》した沿道の門前関係者らが反対運動を展開した。

しかし1913（大正2）年、念願だった海老取川を渡る延伸線が開業。これにより旧「穴守駅」は「稲荷橋駅」と改め、新「穴守駅」が神社前にできた。

さらに繁栄し続ける、この東京郊外の大テーマパークは、会社にとっても川崎大師と並び経営を支える特別な存在であることから、1929（昭和4）年に

二代目ターミナルビル前に立つ大鳥居。沖合展開事業に伴い、1999（平成11）年2月に海老取川に架かる「弁天橋」東詰へと移設された。今もその地で健在である。（写真提供：日本空港ビルデング）

は京浜電鉄取締役の望月軍四郎が「穴守駅」前に朱の大鳥居2基を奉納したといわれている。

1945（昭和20）年9月21日、連合国軍総司令部（GHQ）によって羽田の接収と48時間以内の強制退去を命じられたにも関わらず、移転も撤去もされずにこの地に立ち続けたばかりか、1950（昭和30）年竣工の二代目ターミナルビル駐車場にあって永く祀られていたのが、この大鳥居のうちの1基なのである。

Chapter 1

羽田沖の広大な干潟から大空へ飛び立つ飛行場に

穴守線が新「穴守駅」まで延伸した翌1914（大正3）年、折しも第一次世界大戦が勃発し、木と布で空中を彷徨《さまよ》う「飛行機」という乗り物が、この戦争によって兵器としてとんでもないポテンシャルを秘めていることがわかった。戦場が欧州中心だったため、航空兵器に対する評価が日本人には今ひとつだったが、それでも国防を憂《うれ》える人たちは飛行機の普及に奔走《ほんそう》したのである。

その中で、航空ジャーナリストの相羽有《あいばたもつ》と飛行家の玉井清太郎《たまいせいたろう》は、多摩川河口の広大な干潟を滑走路とした「日本飛行学校」を地元の石關倉吉《いしぜきくらきち》の協力により羽田穴守にある「要館」で開校したのが、1917（大正6）年1月である。

「六郷川（多摩川）の海にそそぐ両岸の砂浜は、干潮時には一面の干潟になる。平たんであり、軽い飛行機の滑走には好適であった。それでも飛行場はどこがよいかと踏査したところ、穴守側の干潟は近いけれども、海水をたたえる澪があり、軟弱だったので、川崎大師側の梨畑に沿う堤の上に格納庫を建設した」

と相羽が後に語っている。

飛行学校の練習生たちは、学校のある穴守から対岸の大師に船で多摩川を渡り、「三本葭《さんぼんよし》」と呼ばれる川崎側の干潟で飛行訓練をしていたのであるが、初めて単独飛行する前夜、穴守稲荷に油揚げを献じたところ上首尾だったというエピソードも残されている。

しかし同年5月、「三本葭」を離陸した玉井の乗機が、芝浦上空で突如左翼が折れて墜落。玉井と同乗取材記者が死亡するという事故に続き、同年10月には暴風雨と高潮により格納庫と機体が流失、早くも羽田での飛行訓練はピリオドを打ち、相羽は蒲田町へ撤退し、「日本自動車学校」を開校することになる。

短い期間だったとはいえ、後に特撮映画監督となる円谷《つぶらや》英二《えいじ》や女性パイロットの草分けを輩出し、相羽自身も日本の航空界に関わり続けるのである。

流出した「三本葭」格納庫。（写真提供：穴守稲荷神社）

Chapter 1

幻の帝都飛行場計画
その地は南砂か羽田か

二宮忠八《にのみやちゅうはち》という名前を聞いたことがある日本人はどれぐらいいるだろうか。

彼は陸軍時代の1889（明治22）年に「飛行器」を考案し、戦場での有効性から上司に対して実用化へ繋げる開発申請を行うも理解されなかった。

しかし現在では、「ライト兄弟よりも先に飛行機の原理を発見した人物」と英国王立航空協会でも紹介されている。

彼の開発を却下した上司とは、当時陸軍参謀だった長岡外史《なかおかがいし》大佐だが、後に長岡は自らの先見のなさを嘆《なげ》いて長文の詫び状を送り、二宮に面会して謝罪したと伝わる。

1909（明治42）年、長岡は初代の臨時軍用気球研究会の会長を兼務し、日本の航空分野の草創期に貢献し、1923（大正12）年の関東大震災後には帝都復興評議員として「東京湾築港内に国際飛行場を設くるの儀」という建議書を提出。これからの都市インフラとして、羽田もしくは砂村新田（現南砂）

に帝都飛行場を設置することを提言したが、賛同を得ることができなかった。

当時は軍用飛行場を借りるか、「三本葭」のような不安定な干潟を離着陸に使用していた民間航空人からも公共用飛行場の必要性が提起されるに至り、航空法が施行された1927（昭和2）年に東京、大阪、福岡に飛行場計画が推進されたのである。大阪は木津川尻、福岡は名島に水上機、陸上機は大刀洗陸軍飛行場を一時借用、東京も羽田が完成するまで立川陸軍飛行場の一時借用で、1929（昭和4）年の路線開業に間に合わせた。

この時、羽田が選定された理由は、①京浜間の中間にあってアクセスがいい、②都心から近く理想的である、③海に面しているので水陸両用として利用できる、という3点が挙げられていた。しかしこの後も、南砂案は幾度となく浮上してくるのである。

Column

東京湾を利用する大型船の運航のため、飛行場建設案が浮上した？

昭和初期の「東京港修築事業計画」では、東京湾を行き来する大型船に対応するために、東京湾にたまった土砂を取り除き、埋め立て地を造成する工事を進められたが、そこで生まれた土地の利用法として真っ先に挙がったのが南砂の飛行場計画だった。

Chapter 1

羽田開場前にローマに向けて飛行機を離陸させた内田百閒

１９３０（昭和５）年、羽田江戸見町の用地買収が終わり、ようやく飛行場建設の工事が始まった。しかし、折からの昭和恐慌の影響による予算削減で完成が危ぶまれていた。

翌１９３１（昭和６）年５月29日、正式開場前の「東京飛行場」（羽田）から２人の青年が操縦する国産軽飛行機が欧州に向けて離陸したのである。

この機は、日本学生航空連盟代表として訪欧飛行の途につく法政大学の「青年日本」号。この機は石川島飛行機製作所が製造した、全幅９・８ｍ、全長７・52ｍ、１０５馬力のエンジンの練習機Ｒ－３を長距離飛行用に改造した２人乗りの複葉プロペラ機。これが羽田を最初に離陸した飛行機であり、さらに前日、立川飛行場から羽田に着陸していたため、羽田に最初に着陸した飛行機も同機ということになる。

羽田を離陸し、鴨池上空を飛ぶ「青年日本」号。1931（昭和6）年5月29日の出発式には若槻礼次郎首相をはじめ、軍部、財界、航空関係者など多数が来賓として招かれたという。（出典：羽田開港50年）。

正操縦士は法政大学経済学部2年の栗村盛孝、副操縦士は教官の熊川良太郎で、シベリアからウラル山脈を超えてソ連、ドイツ、イギリス、フランス、イタリアの各国を大飛行しようという計画である。

2人を盛大に送り出すべく、羽田には大観衆が集まり、上空にも陸海軍の飛行編隊をはじめ、東京朝日新聞や東京日日新聞の社機、空輸会社機や民間飛行学校機など、約30機もの航空機が見送りのために飛び交っていた。

夏目漱石門下の作家で法政大学教授にして同大航空研究会会長の内田《うちだ》百閒《ひゃっけん》が右手の白旗で合図を送ると、「青年日本」号は離陸滑走を始め、無事ローマに向けて出発した。ちなみにこの機が出発した5月29日は内田百閒の誕生日で、会長の権限でこの日に決めたそうだ。


同機は羽田を離陸後、95日目の8月31日にイタリア・ローマのリットリオ飛行場（現ウルベ空港）に到着した。所要総日数95日、飛行総時間125時間15分、飛行総距離1万3671㎞。途中でエンジン故障や天候不良などによる数回の不時着の末、予定の3倍以上の日数を要した。ローマに到着した2人は国を挙げての大歓迎を受け、ムッソリーニ首相との会見やローマ教皇への謁見《えっけん》などが行われた。

機体、計器、航法、地図、情報などすべてにおいて未熟な時代のこの大冒険飛行は、羽田から始まったのである。

Haneda Airport OmoshiroJITEN

Chapter 2

羽田が日本の空の玄関口になるまで羽田空港の現代史

Chapter 2

1931年8月25日、東京飛行場開場 最初の乗客は鈴虫と松虫

1931（昭和6）年8月25日、東京府荏原《えばら》郡羽田町大字鈴木新田に東京飛行場が開港した。その早朝、石田房雄飛行場長、日本航空輸送株式会社東京支所長中山頼道はじめ、操縦士、機関士ら従業員に加えて、羽田町長、蒲田町長、蒲田警察署長が仮事務所においてビールで乾杯し、正式開場となった「東京飛行場」の誕生をささやかに祝した。

午前7時30分、東京飛行場から最初の便が離陸した。土屋与作操縦士と佐藤軍治機関士が搭乗する6人乗りのフォッカー式スーパー・ユニバーサル型輸送機である。その羽田第一号「旅客」は、なんと中国・大連の東京カフェーに送る6000匹の鈴虫と松虫だったといわれている。おそらく、大連にいる日本人たちに日本の「秋の声」を聞かせたかったのだろう。

羽田は開場時より「国際空港」であったわけだが、東京―大阪間の国鉄特急「つばめ」の三等席が6円6銭だったのに対し、空路だと30円、東京―大連間

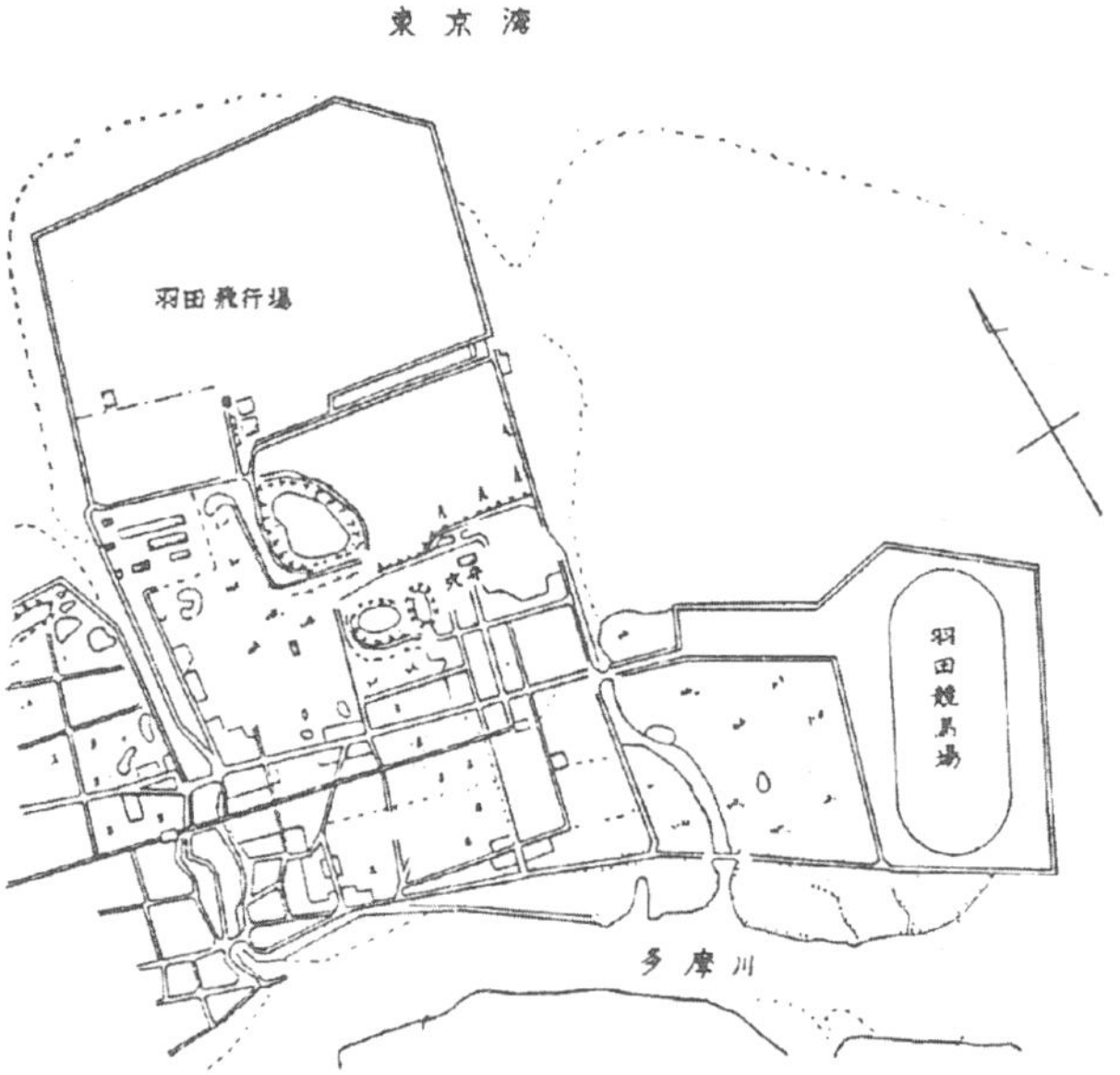

東京飛行場（羽田飛行場）の開業当時の地図（出典：羽田開港50年）

は145円と相当高額だった。そのため、機内はいつもガラガラで、鈴虫と松虫も営業が駆け回って取ってきた仕事だったそうだ。

ここで思い出すのが、2021（令和3）年の新型コロナウイルス感染症ワクチン輸入である。日本国内で幾度も緊急事態宣言が発出され、多くの人が外出を制限されていた時、ワクチン第1便を載せた全日空機が成田空港に到着した。

「搬出作業を多くの関係者が見守り、ワクチンを積んだとみられるトラックが出発すると拍手も上がった。輸送の経緯について、ファイザー側も含め一様に口は重く、『国家的事業』に携わる緊張感が漂った」（産経新聞2021年2月12日）。

この便には旅客が乗っていなかったのだが、料金が多少高くても急いで輸送しなければならず、かつ嵩《かさ》の小さいものには空輸が最も適している。実は羽田初の旅客である「鈴虫と松虫」は、時代を先取りしていたといえるのではないだろうか。

Column

南砂の帝都飛行場計画のその後

幻となった大正期の「帝都飛行場計画」で浮上した南砂案であったが、再び1938（昭和13）年に南砂沖に巨大な水陸両用空港「東京市飛行場」が計画され、工事が開始されるが戦局厳しく、資材不足のため中止となった。この跡地が、現在の「夢の島」である。戦後においても、1952（昭和27）年に「江戸川デルタ」で「羽田の3倍」という触れ込みの「新東京空港」計画や、1959（昭和34）年には「7号埋立地（現辰巳）」における中小プロペラ機用の「東京第二空港」計画などが報じられたことがあった。なお、後に辰巳は暫定の「東京ヘリポート」となった。

Chapter 2

近代的なモダンデザイン初代ターミナルビル

ようやくオープンに漕ぎつけた東京飛行場の初代旅客ターミナルビルとは、どのようなものだっただろうか。

設計は、戦前の朝日新聞社や白木屋百貨店を手掛けた石本喜久治《いしもときくじ》である。石本は1894（明治27）年に神戸で生まれ、東京帝国大学工学部を卒業後、竹中工務店に入社する。

石本は帝大在学中から分離派という、明治の様式建築とその亜流から分離するとともに、建築実利主義の克服も目指す建築運動の先駆をなすグループを結成していた。

竹中工務店を退社した石本は、京都市立大学工学部建築学科講師の片岡安《かたおかやすし》工学博士と片岡石本建築事務所を立ち上げ、大型商業建築だけでなく個人宅などの設計も行っていた。

初代ターミナルビルの設計を担《にな》ったのは、ちょうど片岡と別れ、石本建築事務所として一本立ちしたころであった。

『国際建築』1932(昭和7)年1月号には、初代ターミナルの建設直後の図面と写真が残されているが、2階建ての小さな建物であったことがわかる。1階には待合室と旅客事務室、郵便事務室、それに食堂があり、2階は場長室や応接室、宿直室など職員用エリアである。

やはり目を惹《ひ》くのは、ガラス窓に囲まれた明るい円形の1階待合室だろう。外壁は淡黄褐色のモザイック・タイル貼りとあり、昭和初期らしい近代的なデザインとして羽田空港を代表するファサードであった。

この初代ターミナルは、増改築を重ねながらGHQの占領下でも使われ、さらに1955(昭和30)年に日本空港ビルデングによる二代目ターミナルビル竣工後も1960年代終わりまで残っていたことから、戦前、戦中、戦後という30年以上にわたり、激動の羽田を見続けてきたのである。しかし、現在は旧整備場地区の外《はず》れに、その跡地を望むだけとなっている。

初代ターミナルビルの前から離陸中のフォッカー式7b／3M型旅客機。開港当時から国際飛行場としての役割を期待されたが、政府の緊縮政策により施設の設備は簡素なものだった。次第にターミナルビルやハンガー（格納庫）などの充実が図られた。（出典：羽田開港50年）

1階待合室の内部。ターミナルビル本体から張り出した円形ガラス張りの待合室からは、飛行機の発着とのどかな風光が望めた。（出典：羽田開港50年）

Chapter 2

羽田空港最初の拡張工事で名実ともに日本の空の玄関口に

1930年代、航空機技術や航法技術の世界的な発達により、「より遠く、より早く」という「大飛行時代」が日本にもやってきた。

特に遠方で起こった事件の写真や映像を、いかに早く日本に届けるかという「航空報道合戦」をしていた新聞社は、航空機の利用に熱心であった。

1937（昭和12）年4月、羽田で命名・出発式を終えた朝日新聞の「神風」号は英国王ジョージ6世戴冠式奉祝のため、立川陸軍飛行場から離陸し、東京―ロンドン間1万5357㎞を94時間17分56秒で飛行したあと、同年5月に羽田に帰着する。

「神風」号の羽田凱旋の4日後、今度は長距離飛行世界記録樹立のため、東京帝国大学航空研究所が設計した「航研機」が、羽田で初飛行を成功させた。

翌1938（昭和13）年5月、木更津海軍飛行場を離陸した「航研機」は、千葉県銚子―群馬県太田―神奈川県平塚を通過して木更津上空に戻る周回コースを62時間22分49秒で29周し、周回航続距離1万1651・011㎞および1万㎞コース平均速度186・197㎞／時の2つの世界記録を樹立。

しかし羽田は「神風」号や「航研機」に絡んではいるものの、本番の飛行の離着陸に使われていない。これは広さや施設が不十分であったからだった。

開場当時の飛行場面積は約53万㎡、滑走路と呼べるかどうかもわからない長さ300m×幅15mのコンクリート舗装路1本という貧弱さで、長距離飛行のため燃料満載の機体が、この滑走路から離陸したり、あるいは夜間に到着機が安全に着陸することが困難だったのだ。

そこで1938（昭和13）年、かつてのストックホルム五輪予選会会場でもあった南隣の運動場を京浜電鉄から買収し、面積を1・4倍の73万㎡、滑走路も長さ800m×幅80mの2本を東西、南北方向に設ける拡張工事を開始した。

翌1939（昭和14）年、毎日新聞「ニッポン」号による55日間、総飛行距離5万2886㎞に渡る世界一周飛行において、ようやく羽田からの離着陸が実現でき、名実ともに日本の空の玄関口となったわけである。

「捲土重来」の言葉を残した「日本飛行学校」相羽有が羽田に凱旋

「日本飛行学校」の設立者である相羽有《あいばたもつ》は羽田から撤退したあと、1919（大正8）年に蒲田町で「日本自動車学校」の校舎を建て、そこに航空部と称して「飛行機講義録」を刊行していた。1923（大正12）年になると、相羽は立川に「日本飛行学校」練習場を設け、1928（昭和3）年には東京航空輸送社を設立して大井・鈴ヶ森―下田間を水上機で結ぶ定期航空路線を開設する。1931（昭和6）年、この路線に日本最初のエア・ガールが乗り込むことになり、その試乗では所轄する逓信《ていしん》大臣の小泉又次郎らを招待している。

さらに1933（昭和8）年、相羽は羽田の一角に舞い戻り、日本飛行学校の格納庫や校舎を建て、そこに東京航空輸送社の陸上機も収容した。羽田での東京航空輸送社は、帝国飛行協会から借りた瓦斯《がす》電式KR2型軽旅客機と相羽式ツバメ六型軽旅客機による貸切飛行の「エア・タキシー」と遊覧飛行のビジネスを始め、好評をおさめた。

Column

1937（昭和12）年のエア・タキシー搭乗記

　エア・タキシーに搭乗した時の貴重な証言があるので紹介したい。

「（羽田には）小さな建屋一棟とカマボコ型の格納庫二棟があるだけで、滑走路もない只の草っ原。そこからゴトゴト滑走して飛び上がり、ブルブル飛んでゴツンと着陸した。しかし機体の手触りと油臭い匂い、飛行状態によって変化するエンジン音や身体に伝わる機体の振動、多摩川を横断する時のエアポケット体験、そして高度八百米から見下ろした地上の光景など、それまで絵で見るだけだった飛行機に乗り、想像するだけだった空飛ぶ感覚を味わって感動し興奮した。」（北本市民文芸誌『むくろじ』第42号　柳瀬安正著）

瓦斯電 KR2と筆者家族ら。

Chapter 2

太平洋戦争開戦 羽田も軍用飛行場に

「ニッポン」号による世界一周飛行の翌年、1940(昭和15)年は支那事変などの影響から日本は東京での五輪開催を返上することになり、さらに翌1941(昭和16)年10月には、羽田に霞ヶ浦海軍航空隊東京分遣隊(練習航空隊)が設置され、その2カ月後に太平洋戦争が始まることになる。

東京分遣隊の九三式中間練習機、通称「赤とんぼ」が羽田の空を飛んだのである。

日本の民間航空輸送を一手に担う航空会社として、1928(昭和3)年に政府主導で設立された日本航空輸送も、1938(昭和13)年に特殊法人大日本航空へと改組され、開戦直前には「大日航において編成した輸送航空部隊は、南方総軍直轄部隊として編入、勅命により特設第十三輸送飛行隊、通称、風三〇八部隊とす」という作戦命令が下された。

隊員たちは「空の町人部隊」とか「町人部隊」と呼んだそうだが、身分は軍属という形で最前線に赴《おもむ》くのである。

こうして陸海軍の輸送業務を担うことになった羽田の民間機たちは、迷彩色に塗られ、国内外の戦地へと終戦まで飛行することになる。

1938（昭和13）年に廃止された競馬場（羽田御台場）跡地には、軍用特殊鋼を製造する日本特殊鋼羽田工場ができ、海岸線寄りには高射砲や高角砲など防空部隊が布陣した。

多くの参詣客を運んだ穴守線も、工員や兵員たちを乗せる電車として変貌したのである。

開場前の羽田から「青年日本」号を欧州へ送り出した日本学生航空連盟は大日本航空協会に戦時統合され、加盟学生は日本学生航空隊羽田飛行訓練所で軍隊式の操縦教育が行われたという。

鈴虫と松虫を見送った牧歌的な羽田の10年後が、まさかこのような光景になろうとは誰も想像しなかったに違いない。

羽田から戦地へ向かう大日本航空の三菱 MC-20。

Chapter 2

鹵獲《ろかく》された米国、英国の軍用機を羽田で展示

1942（昭和17）年7月4日〜8日に羽田空港では「支那事變五周年記念大東亜戦争　戦利飛行機展観」が、大日本飛行協会、朝日新聞社主催、陸軍省後援で開催され、東南アジアで鹵獲《ろかく》された米国、英国の軍用機が展示され、多くの見学者で賑《にぎ》わった。

太平洋戦争中、東南アジアでは米国、英国の多数の軍用機が鹵獲され、重要な軍用機は東京・立川に空輸され、日本軍によるテスト飛行が行われた。羽田で展示されたのは、ホーカー・ハリケーン戦闘機、ロッキード・ハドソン爆撃機、マーチン166型爆撃機の3機で、これらの機体は羽田の上空で飛行展示も行った。

その後、同年10月18日の靖国神社秋の臨時大祭の期間中に「靖国神社祭典　慰霊飛行」が行われ、引き続いて羽田で「戦利米英飛行機供覧飛行」が大日本飛行協会と朝日新聞の共催で行われた。

靖國神社祭典慰靈飛行

社説　青年支那の指導

リベリア

靖国神社祭典　慰霊飛行を伝える朝日新聞
1942（昭和17）年10月19日

鹵獲されたボーイングB—17爆撃機、カーチスP—40戦闘機、ダグラスDC—5輸送機など6機は、機体に「日の丸」が描かれ、靖国神社の上空にて慰霊飛行を行った。その後、これらの6機は大群衆が見守る中、羽田に着陸した。

羽田ではこれらの機体が展示され、さらにこの「東京飛行場での供覧飛行」では、日本陸軍の戦闘機3機、爆撃機3機も参加して、爆弾投下演習及び特殊飛行が披露された。

Chapter 2

1945年8月15日太平洋戦争終戦 GHQの羽田接収命令

ポツダム宣言を受諾した1945（昭和20）年8月15日、開戦から3年8カ月余続いた戦争が終わり、日本は敗戦国となった。フィリピンで行われた降伏使節団の会談後、「8月24日以降、一切の日本国籍航空機の飛行を禁止する」という条項を含む連合国軍の正式命令が下された。

8月30日、マッカーサー総司令官が厚木海軍飛行場に降り立ち、9月2日には連合国軍総司令部（GHQ）より「日本政府は諸飛行場及び航空施設に手を付けることなく、良好な状態で保存するように」という一般命令一号が発出された。そして9月12日に東京飛行場の引き渡しを申し入れ、翌13日には米軍部隊が羽田に進駐してきて、早速この飛行場を拡大するよう工事を始めるのであった。

「米軍の巨大なブルドーザーが、大日本航空の三菱式MC―20型旅客機を3機、無雑作に鴨池に押しこんでいるのを目撃し、見てはならないものを見た思いで目を覆《おお》いたくなった」という当時の証言も残っており、羽田に残置していた「航研機」も同じ運命だったといわれている。

さらに9月21日、GHQは海老取川以東に居住している全住民に対し、48時間以内に立ち退きせよとの苛烈な緊急命令を出すのである。これにより、羽田三町（羽田江戸見町、羽田穴守町、羽田鈴木町）に住む1200世帯、3000人が父祖からの地を追われ、海老取川以西へと強制退去させられることになった。

江戸期から続く穴守稲荷神社も退去を命じられるが、「社殿はもちろん、石灯籠や数多の狐像なども、すべて文字通り飛行場の『礎』として滑走路の下に埋め立てられてしまった。大禍の去った跡に残ったのは、ただ一基の大鳥居だけであったのである」（穴守稲荷神社サイトより）。

1946（昭和21）年当時（左）の「鴨池」と現在（右）。果たして、この下に「航研機」も眠っているのであろうか…。（@今昔マップ）

占領期の羽田空港では米軍と米国民間航空が運航開始

接収を終えた米軍は、早速更地化と埋め立てを開始し、長さ2100m×幅45mのA滑走路と、横風用の長さ1650m×幅45mのB滑走路が、1946（昭和21）年6月に完成。管制塔やT101、T102という格納庫なども整備し、「HANEDA ARMY AIR BASE」（米陸軍から空軍が独立後は「HANEDA AIRFORCE BASE」など変遷あり）となる。

A滑走路は羽田三町と羽田御台場の間を流れていた東貫川（澪《みお》）を埋め立て、2島をつなぎ、かつて競馬場があった先まで目一杯拡張させるのである。

GHQが羽田に目をつけたのは、やはり東京や横浜へのアクセスのよさと拡張性からという羽田の持つ特性からであり、ここから多くの米兵や物資を乗せた軍航空輸送部隊ことMATS（Military Air Transport Service）が、米本土と日本を往復するとともに、1947（昭和22）年からノースウェスト航空とパン・アメリカン航空が羽田線の運航を開始する。

日本人の入場制限が厳しかった占領期の羽田を知る史料は非常に乏《とぼ》しいが、「ボギー」ことハンフリー・ボガート主演『TOKYO JOE』（邦題・東京ジョー）という1949（昭和24）年制作のハリウッド映画において、当時の「ハネダ・エアベース」が冒頭登場している。

さらにこの作品のために撮影されたものの実際には使用されなかった、いわゆる「OUT TAKE」と呼ばれる35㎜フィルムをデジタル化したデータが、アメリカのインターネット・アーカイブ「archive.org」に残されており、初代ターミナルビルから始まり、飛行場内外の風景、そして新橋や渋谷など都心の風景も鮮やかに映っている。

正面奥に米軍の木製管制塔が見える。現在は、元スカイマーク格納庫が立ち塞がっている。(archive.org)

これはスタジオ内で演技する俳優の後ろにあるスクリーンに実景を投影して合成する「スクリーンプロセス」という技法に使うため、羽田と東京の実景を写したフィルムだったのである。

Chapter 2

日本が誇る2大航空会社JALとANAは羽田から始まった

1950（昭和25）年6月に勃発した朝鮮戦争を境に、GHQによる対日政策が大きく転換する。すでに、欧米はじめ海外のエアラインが羽田への乗り入れを開始しており、当時の首相であった吉田茂の片腕といわれた白洲次郎《しらすじろう》も海外資本による航空会社の設立に動いていた。

一方、1939（昭和14）年に羽田から世界一周飛行を達成した毎日新聞「ニッポン」号の機長だった中尾純利《なかおすみとし》（初代東京国際空港長）たちは、朝鮮戦争において秘密裏に米軍機に乗り、アジア方面への米軍人や軍需物資の輸送を行っていた。そうした功績を初代電気通信省航空保安庁長官の松尾静磨《まつおしずま》はGHQに対して強く掛け合った。その結果、日本航空（JAL）の誕生を勝ち取ったと伝われている。

こうして翌1951（昭和26）年8月1日に日本航空が発足した。9月8日にはサンフランシスコ講和条約によって日本は独立を回復したが、終戦後から飛ぶことも飛ばすこともつくることも禁止されていた、いわゆる「航空禁止令」のため、日本航空はノースウェスト航空からパイロット込みで機材をチャーターするしかなかった。この最初の機材が、マーチン２―０―２「もく星」号である。

「航空禁止令」は１９５２（昭和27）年に解除され、７年ぶりに「日本の空」が戻ってくるが、空港管理や管制権、外国人パイロットへの依存など占領政策の壁は高く厚く、日本人の手による「自主運航」には程遠かったのである。

しかし解除の影響は大きく、この年には朝日新聞社航空部を母体とする日本ヘリコプター輸送（日ペリ）が羽田で産声《うぶごえ》を上げ、大阪では後《のち》に日ペリと合流して全日本空輸（ＡＮＡ）となる極東航空が誕生する。

こうした状況から幹線に専念することになった日本航空は、ローカル線用に発注していたDH・１１４ヘロンを日ペリに譲渡するのである。

羽田を出発する日本航空の国内線第一便マーチン2-0-2「もく星」号。（出典：羽田開港50年）

Chapter 2

1958年、羽田接収全面解除と新ターミナルビルオープン

羽田の一部接収解除から全面返還されるまで、さらに6年後の1958(昭和33)年まで待たねばならないが、「東京国際空港」として再び空の表玄関になるには新ターミナルビルの建設が喫緊《きっきん》の課題であった。戦前からのターミナルは狭隘《きょうあい》で古く、また戦中戦後に幾度も改築、増築を繰り返していたため、これから飛躍的に発達する民間旅客需要に到底耐えられるものでなかったからである。

しかし、この当時の日本はまだ戦争の傷が癒《い》えておらず、国や自治体の財政は社会インフラの整備すらままならない状況にあった。

そこで政府から依頼を受けた日本航空協会会長の郷古潔《ごうこきよし》と元運輸事務次官の秋山龍《あきやまとおる》の二人は、日本初の民間資本による空港ターミナルビル建設と運営を目的とする日本空港ビルデングを、1953(昭和28)年7月16日に設立したのである。

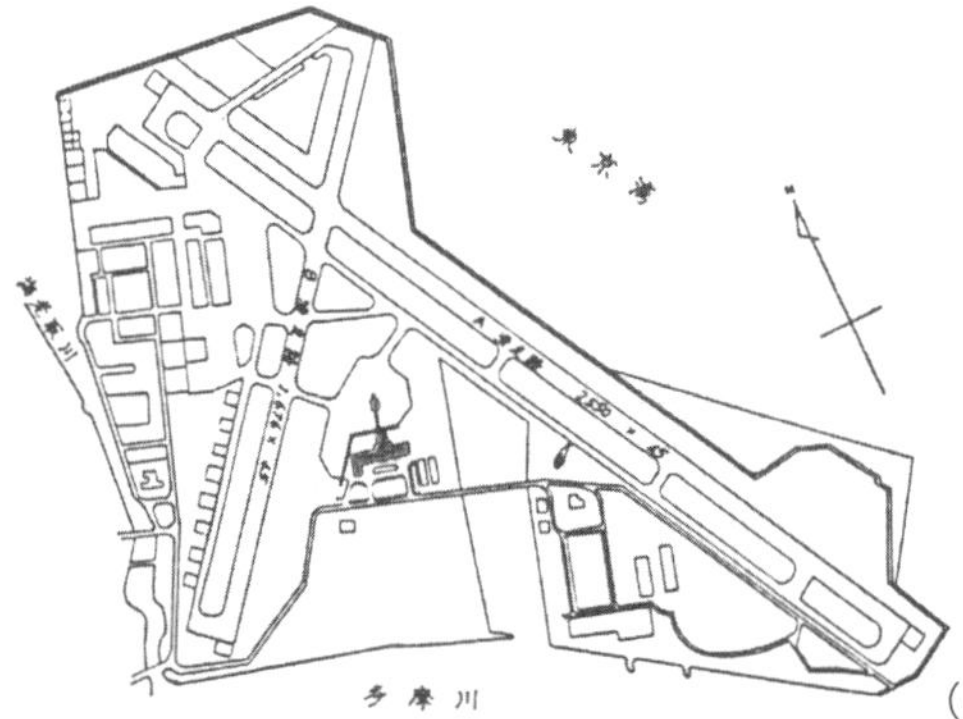

（出典：羽田開港50年）

上空から見た羽田空港。中央の二代目ターミナルビルはA滑走路（上）とB滑走路（下）に挟まれている。右には日本航空のオペレイションセンターが見えているので、1959（昭和34）年以降の撮影だろう。（写真提供：日本空港ビルデング）

今でこそ民営ターミナルは世界的にも当たり前だが、このころは欧米諸国ですらほとんど公営であった。そのため、海外エアラインは民営では家賃や税金が高額になると強い反対意見を述べていた。これに対し、郷古と秋山は家賃は建設と管理コストだけ負担してもらい、税金部分はターミナル会社が他の「付帯事業」によって賄《まかな》うので、入居するエアラインには負担をかけないと説得したのである。

1955（昭和30）年5月20日、初代ターミナルビルから場所を大きく南に動かし、A滑走路とB滑走路の交差地点に「東洋一」と呼ばれる新しいターミナルビル（二代目）がわずか1年余でオープンした。

エアラインに約束した「付帯事業」は、旅客相手の物販やサービスだけに留まらず、送迎客、見学者に対しても見学デッキや特別送迎待合室等の有料化にし、加えてレストラン、お土産品販売、団体写真などあらゆるシーンで収入を得ようという意欲的なものであった。そして、これら付帯事業は現在もターミナル経営を大きく支えているのである。

Chapter 2

二代目ターミナルビルの屋上に祀られた2つの神社

非常に珍しいことに、二代目ターミナルビルには2つの神社があった。一社は、1955（昭和30）年にターミナルビルが開業した際、空の安全を祈念して「穴守稲荷神社」より分霊した「穴守稲荷空港分社」。

このターミナルビルが建てられた場所というのは、かつて「関東屈指の稲荷社」として隆盛を誇り、終戦直後の強制退去という大禍に遭ったあの「穴守稲荷神社」本殿の跡だったのである。このような縁もあり、1955（昭和30）年5月に二代目ターミナルビルの落成と同時に屋上に「穴守稲荷空港分社」が祀られた。

そしてもう一社は、1963（昭和38）年、財団法人日本航空協会の「航空神社」より分霊を勧請した「羽田航空神社」である。

「航空神社」は、多くの航空殉難者の英霊を敬弔しその功績を讃えるため、明治神宮社殿御造営の残木を拝受し、1931（昭和6）年に東京・新橋の帝国飛行協会飛行館（現日本航空協会航空会館）屋上に創建建立された。偶然にも1931（昭和6）年は羽田空港開港の年でもある。「羽田航空神社」はターミナルビル増改築を機縁として、今後の航空界の躍進と航空安全輸送の御加護を祈念して建立された。

1964（昭和39）年の東京五輪に備え、ターミナルビルは大規模な増改築を行うが、「穴守稲荷空港分社」も新たに作られた特別展望回廊の屋上へと遍座し、ここに創建された「羽田航空神社」と連れ添って祀られ、空港の安全と繁栄を見守るのであった。

1993（平成5）年、沖合展開事業により二代目ターミナルビルが撤去されることになり、「羽田航空神社」は第1ターミナルビル1階へと遷座、「穴守稲荷空港分社」は穴守稲荷本社に合祀されるのである。

現在、羽田五丁目にある「穴守稲荷神社」は、羽田の地を災害から守る『堤防の鎮守』という草創の故実より、今も航空安全や空港工事安全祈願のため航空関係者の参詣が日夜絶えない。

また、「羽田航空神社」はターミナル内のオフィスのような場所に鎮座して

二代目ターミナルビル屋上に祀られていた２つの神社。左が「穴守稲荷空港分社」右が「羽田航空神社」。（写真提供：日本空港ビルデング）

いるが、航空安全の神社であることから「落ちない」といわれて受験生にも人気であり、「穴守稲荷神社」の神職により今日に至るまで祭祀が続けられている。

第１ターミナルビル１階に鎮座している「羽田航空神社」。

「蒲蒲線」は70年前に実在していた!?
戦中、戦後の穴守線

話は前後するが、終戦直後の「48時間以内の強制退去」は穴守線にも当然及び、1945年(昭和20)年9月27日に稲荷橋—穴守間が営業休止となる。

米軍の羽田占領により海老取川以東の軌道は撤去され、鉄橋だけを残したまま電車は「稲荷橋駅」(2代目)までの折り返し運転となるが、さらに翌1946(昭和21)年、飛行場拡大工事で運び込む資材輸送のため、複線のうち片方の軌道の接収と、「京浜蒲田駅」と省線「蒲田駅」間の軌道敷設、そして飛行場内にも新たな軌道を敷設することになった。

しかし、軌間も省線に合わせて狭くしたため、京浜電鉄の電気車両が使えず、この路線を蒸気機関車が貨物列車を引っ張ることになった。

明治からずっと電車しか走ってなかった路線だったため、「羽田に煙をはいた汽車が通るというので、子供は珍しがって見に出た程」(『羽田郷土史』羽田小学校編)とある。

「京浜蒲田駅」と省線「蒲田駅」の連絡線は、現在の「ニッセイアロマスクエア」前の道路に、途中に設置した砂材砕石所は「大田区産業プラザPIO」に当時の痕跡を今も残している。また、1947（昭和22）年の航空写真では、蒲田5丁目にも資材置場があったことが確認できる。

2022年、JR・東急「蒲田駅」から「京急蒲田駅」までの約800mを鉄道で結ぶ「新空港線（通称・蒲蒲線）」建設のため、大田区は第三セクター「羽田エアポートライン」を設立するが、実は70年以上前に「蒲蒲線」は実在していたのである。

1948（昭和23）年、京浜電鉄は京浜急行電鉄（京急）となり、サンフランシスコ講和条約調印後の1951（昭和26）年暮れに軌道の接収が解除される。翌1952（昭和27）年、「京浜蒲田駅」と「稲荷橋駅」間の複線運行が再開された。

羽田空港駅下車も空港ははるか遠く　なぜ、京急は空港島に乗り入れなかったのか

1952（昭和27）年、GHQから一部返還された羽田は「東京国際空港」として戦後を出発することとなり、1955（昭和30）年には日本空港ビルディングが日本で初の民間資本による新ターミナルビルをオープンさせた。

しかし、京急は戦前のように空港島へ乗り入れることなく、翌1956（昭和31）年に「稲荷橋駅」（初代）と同位置の海老取川西岸の鉄橋前に「羽田空港駅」を設けた。

使われなくなった鉄橋は、返還された以降も長らく住民たちの行き来に使われていたという。だが、ここから1・2㎞ほど離れたターミナルビルへはバスかタクシーしかなく、知らずに「羽田空港駅」なるところで降りた人たちは、はるか遠くに空港があるのを見て、さぞやビックリしたであろう。

1964（昭和39）年に東京モノレールがターミナルへ直接乗り入れて以降、この駅の利用客は当然激減する。

なぜ、このようなことになったのだろうか？

京急は、東京オリンピック開幕前に「外国人旅客の急増を理由に国から空港乗り入れの打診を受けた。だが、当時は高度成長期。列車の混雑が深刻化しており、京急は横浜方面と都心を結ぶ本線の混雑対策に力を入れることを選んだ」という京急元鉄道本部長の中根啓介氏の証言が残されている（朝日新聞2010年10月21日）。

昭和30年代の京急には海老取川の下にトンネルを掘って、空港島まで延伸させるだけの資力がなかったのであろう。

その後、「72年から空港への再乗り入れの検討を始め、当時の運輸省や東京都への『説得工作』を進めた。当初は『京急は空港に入る権利はない』と門前払いにされた」というが、彼らが空港島に入れるのは、これからさらに20年ほど先となるのであった。

海老取川西岸の京急「羽田空港駅」と空港とを結んでいたマイクロバス。（石原裕之氏撮影、写真提供：大田区立郷土博物館）

1964年の東京五輪開催で羽田は真の国際空港へ

1964（昭和39）年に開催された東京五輪は、新幹線や高速道路の開通など戦後の復興から高度経済成長に移行した戦後日本の発展を世界にアピールする絶好の機会となった。同時に羽田空港も日本の玄関として大きくその姿を変えた。

1955（昭和30）年に供用開始となった二代目ターミナルビル、すぐにジェット機時代を迎え、部分的な拡張を重ねてきたが、施設全体が狭隘《きょうあい》となり、抜本的な対策が必要となっていた。1959（昭和34）年に東京五輪の開催が決まったこともあり、「東京国際空港ターミナルビル大拡張改装計画」（「東京国際空港ターミナルビル15年の歩み」より）が、1962（昭和37）年に始まった。

この大拡張改装計画の結果、国内線到着ビルの新設などターミナルビルの規模は約2倍となった。新たに長さ3150mのC滑走路が建設され、飛行機が駐機するエプロン部分も大幅に拡張された。それに伴い、管制塔も新設された。

また、都心から羽田空港へのアクセスも画期的に改善された。

東京モノレールが１９６４（昭和39）年９月に開通し、羽田空港と「浜松町駅」がたった15分で結ばれた。それまで公共交通機関はバスだけで、蒲田が最寄り駅だったが、環状八号線は未開通で狭い道をバスが行くため、非常に時間がかかっていた。同年８月には首都高速道路１号線及び４号線が羽田空港から都心を経由して新宿まで開通し、羽田空港と都心間の交通は極めて円滑となった。

このように東京五輪を契機に、日本の空の玄関である羽田空港は世界に冠たる国際空港となった。

空港アクセス路線として、モノレール開業、そして延伸へ

東京モノレールは1964（昭和39）年、国鉄「浜松町駅」と羽田空港を15分で結ぶ延長13・1㎞の本格的空港アクセス路線として開業した。海老取川の河口を沈埋式地下トンネルで抜けて空港敷地内に入り、海老取川に沿って高架で整備場地区を通り、旧B滑走路の下を当時ではまだ目新しいシールド工法で単線トンネルを建設し、二代目ターミナルビル前面の広場の地下に設けられた「羽田駅」に到達した。開業当時、途中駅はなく「浜松町駅」と羽田空港をノンストップで結んでいた。途中駅として「大井競馬場前駅」が新設されたのが、1965（昭和40）年、「羽田整備場駅」が新設されたのが1967（昭和42）年だった。羽田空港敷地内の東京モノレールの軌道はこの後、羽田空港の拡張工事に伴い3回の大規模な変更があり、現在のような形になった。

1993（平成5）年のビッグバード（現第1ターミナル）供用開始時は、半日モノレールを運休しての大工事であった。新しい軌道は旧B滑走路へのト

整備場付近を走る東京モノレール。整備場にはたくさんの東京五輪関連の特別機が駐機していて、手前の道路照明には東京五輪と東京都の旗が見える。(写真提供：日本空港ビルデング)

Column

東京モノレールの倒産危機

今では考えられないが、東京モノレールは開業してすぐに倒産の危機に見舞われた。1964（昭和39）年に開業した東京モノレール、最初は物珍しさもあってたくさんの乗客がつめかけたが、しばらくすると乗客が急速に減少した。原因は運賃であった。国電初乗りが20円、バス運賃が15円、首都高速料金が100円の時代に片道250円は高すぎた。首都高速も都心と直結していて、数人集まればタクシーのほうが安くて便利であった。しかし、その後の運賃値下げなどの経営努力や道路の混雑、航空旅客の増加などによりなんとか危機を脱することができた。

ンネル入口の手前から分かれて、複線トンネルで旧B滑走路南端を抜けて、羽田東急ホテル前の道路で地上に出て、高架で日本航空のライン整備ビルの前を通り、そこから旧C滑走路の南端をトンネルで抜けてビッグバードの前の地下に新設された「羽田空港駅」(現「羽田空港第1ターミナル駅」)に到達した。ビッグバード供用開始前日、9月26日午後3時過ぎにモノレールは運休となり、旧B滑走路への新しいトンネル入り口付近で軌道切替工事が行われた。工事は順調に進み、予定よりも2時間以上早く終了した。「羽田整備場駅」から新設の「羽田空港駅」まで約5・3㎞延伸され、「浜松町駅」から羽田空港までの所要時間が15分から22分となった。

2004(平成16)年には、第2ターミナルビル供用開始と同時に、「羽田空港駅」から大きくUターンする形で、第2ターミナルビル前まで約700m延伸し、「羽田空港第2ビル駅」(現「羽田空港第2ターミナル駅」)を開業。2010(平成22)年の国際線ターミナルビル供用開始時、約900mの軌道を国際線ターミナルビルに近づけるため移設し、ターミナルビルに隣接して「羽田空港国際線ビル駅」(現「羽田空港第3ターミナル駅」)を新設した。

Chapter 2

1970年、ジャンボ登場 大量輸送時代へ突入

1970（昭和45）年は、羽田空港にとって新しい時代の幕開けだった。パン・アメリカン航空のボーイングB747ジャンボジェット機が同年3月に、日本航空のジャンボジェット機が7月に就航した。国内線にも、1973（昭和48）年からジャンボジェット機などのワイドボディジェット機が就航した。ワイドボディジェット機の就航による大量輸送時代の到来だった。

羽田空港では、1964（昭和39）年の東京オリンピックに向けた空港の大規模な拡張が終わったのも束《つか》の間、ジャンボジェット機就航に向けた拡張計画がスタートした。その計画とは国際線到着ビルの新設とエプロンの増設、そしてB滑走路の延長であった。

1970（昭和45）年6月、国際線到着ビルが供用開始となり、出発と到着ターミナルが分離された。新設国際線到着ビル前面のエプロンにはジャンボジェット機の取り扱いが可能な3本のフィンガーを設けて、それぞれの先端には

ジャンボジェットの愛称で呼ばれるボーイングB747。日本航空が1970年7月に導入。
（写真提供：日本空港ビルデング）

ゲートラウンジを設置、また2基のボーディングブリッジを設けた。

長さ1676mのB滑走路は東京湾側に延長され、長さを2500mとし大型機も利用できるようにし、1971（昭和46）年3月に完成した。また、ほぼ同時期にスポット不足を解消するため、A滑走路を1200mに短縮して、残りの部分をエプロンとした。

二代目ターミナルビル１階の国際線到着ロビー。（写真提供：日本空港ビルデング）

Column

日本人の海外旅行自由化とジャンボ登場で海外旅行がブームに

1964（昭和39）年に日本人の海外旅行が自由化され、1965（昭和40）年にはジャルパックの発売が開始されたが、当時は航空運賃が高く、ハワイでもサラリーマンの平均年収に近い高額であった。1970年のジャンボジェット機の就航により航空運賃が大幅に安くなり、海外旅行が爆発的なブームとなった。

Chapter 2

拡張する羽田 難工事続きの沖合展開事業

1984年（昭和59）年1月に羽田空港沖合展開事業がスタートした。この沖合展開事業は、①騒音問題の解消、②滑走路の増設による離着陸回数の増加、③空港跡地の有効利用、そして④廃棄物処理と空港整備の両立を図るなどを目的として実施された。

沖合展開事業の検討は、1971（昭和46）年ごろから始まった。国際線が成田空港に移転したあとも、国内線の需要が増大し続けることが予測され、空港の拡張が必要とされた。このため、東京都が羽田沖に廃棄物処理場をつくり、埋立造成を行っていたこともあり、この埋立地を活用した移転計画の検討が進められ、1983（昭和58）年2月に「東京国際空港整備基本計画」が最終決定された。

沖合展開事業では、東京都が埋め立てた約810haと運輸省が埋め立てた約8haの土地に空港を拡張・移転した。

沖合展開事業の工事が進む。現第１ターミナルビル南端部の工事現場から新整備場付近の工事の様子見る。（写真提供：日本空港ビルデング）

この沖合展開事業は現役空港を運用しながらの工事、そして他に例を見ない超軟弱地盤での工事などさまざまな困難を克服して進められた。

特に、埋立地は水分の含有量が非常に高く、お汁粉層とまでいわれ、空港用地として適していなかったが、高度な技術力を駆使してさまざまな工法を組み合わせて広範囲にわたる地盤改良を行い、そこに空港を整備した。このように地盤改良を行っても、地盤の沈下は避けられないため、エプロン地区はリフトアップ式プレストレスコンクリート舗装を用いるなどの工夫がなされている。
ターミナル地区の工事も、限られた空間に巨大なターミナルビルを建設し、その地下には京急及び東京モノレールの駅を設けるという立体的に絡み合った構造で難工事の連続であった。
1984（昭和59）年1月に始まった沖合展開事業は、2013（平成25）年4月の第2ターミナルビル南ピア完成で、29年間にわたる計画が完了した。

Column

「ニューハネダ927作戦」新ターミナルへの引っ越し

沖合展開事業第二期事業で、新しいターミナルビル（現第1ターミナルビル）が完成し、1993（平成16）年9月26日深夜に、旧ターミナルビルからの世紀の大引っ越し作戦が展開された。

最大の難関は、世界有数の規模を誇る羽田空港の機能を止めることなく引っ越しをするため、最終便が旧ターミナルに到着してから、翌日、新ターミナルから始発便が出発するまでの約6時間で、航空機87機、地上支援作業車両2700台などを移動する必要があった。この引っ越しは限られた時間で多数の機材を、滑走路を横切り、所定の場所に移動させるため、1年以上前から綿密な計画が練られ、「ニューハネダ927作戦」と呼ばれた。

引っ越し作業を円滑に行うため、4本ある滑走路を横切る誘導路それぞれにキリン、アサヒ、サッポロ、サントリーと名付けて、それらの誘導路を日本航空、全日空、日本エアシステム、その他に振り分け、航空機を移動した。

作業は順調に進み、予定時間を大幅に短縮して終了し、9月27日は新しいターミナルから予定どおり始発便が飛び立っていった。

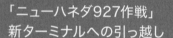

Chapter 2

1978年、成田空港開港 羽田の国際線ターミナル変遷記

羽田空港は、開港以来日本を代表する国際空港として多数の国際線が発着してきたが、1978（昭和53）年に新東京国際空港（現成田空港）が開港し、一部の便を除き国際線は成田空港へ移転し、羽田空港は国内線を中心とする空港になった。それでも正式な空港名は「東京国際空港」のままであった。

成田空港開港後の羽田空港の国際線は、政治的な理由から羽田空港に残ったチャイナエアライン（中華航空）のみとなった。

成田空港開港前の羽田空港は、国際線の出発はターミナルビル本館、国際線の到着は本館から離れて建てられた国際到着ビルと分かれていた。成田空港開港後は、ターミナルビル本館は国内線専用となり、国際線は出発、到着とも国際線到着ビルを改修し国際線ビルとしたターミナルからとなった。当時の国際線ビルは、中華航空が1日に4～5便で、とても「東京国際空港」とは思えない寂しいターミナルであった。

1998（平成10）年3月に東側ターミナル地区（第2ターミナルビル建設予定地）の南側に暫定国際線旅客ターミナルビルが完成し移転した。2000（平成12）年には、同じく台湾のエバー航空が羽田空港に就航し、国際線は2社となった。

2001（平成13）年2月には深夜・早朝時間帯の近距離国際線チャーター便の運航が週4発着の規模で開始され、翌年2002（平成14）年には、国際線チャーター便は週70発着と大幅に増えた。

2002（平成14）年4月には、チャイナエアラインとエバー航空は成田空港へ移転し、この時点で羽田空港を発着する国際線定期便はなくなった。同年5月には、日韓サッカーW杯対応のため、暫定国際線旅客ターミナルビルが増築され、出国待合室の拡張などが行われた。

2003（平成15）年11月には、昼間の時間帯に羽田―ソウル（金浦）間に限りなく定期便に近い定期チャーター便が開始された。定期チャーター便方式による国際線はこの後、2007（平成19）年に羽田―上海（虹橋）間、2008（平成20）年に羽田―香港間、2009（平成21）年に羽田―北京間まで

1998（平成10）年から2010（平成22）年まで使用された暫定国際線旅客ターミナルビル。現第２ターミナルビル南側の国際線関連施設付近にあった。

拡大された。

この間、国土交通省は２００１（平成13）年に、首都圏の航空需要の増大に対応するため、羽田空港に関する基本的な考え方をまとめ、４本目の滑走路整備を中心とした再拡張事業により発着容量の拡大を図り、国際定期便の就航を目指すこととした。

この計画に基づき、２０１０（平成22）年に国際線ターミナルビル（現第３ターミナルビル）が供用開始となり、２００２年以来８年ぶりに国際定期便が復活した。

京浜急行、悲願の空港島乗り入れへ 真の「羽田空港駅」開設

1970年代、「京急は空港に入る権利はない」と運輸省から門前払いにされた京急だが、バス事業でかろうじて羽田への乗り入れを確保し続けていた。

戦後の強制退去から数えること実に半世紀ぶりとなる、悲願の羽田への直通事業は沖合展開事業によって大きく前進するが、その道程も決して平坦ではない。前出の「羽田空港駅」から「空港島」まで約1㎞延伸させる第1期工事は、目の前の海老取川にトンネルを通すことから始めた。この工事のため、1991（平成3）年、「穴守稲荷駅」と「羽田空港駅」間の鉄道営業を休止し、バスによる代行運転とした。

トンネル工事は、「穴守稲荷駅」を出た地点から開削《かいさく》により地下に潜《もぐ》り始め、航路として使用されている海老取川は、半分ずつ締切ながら河床下を開削した。また、既設のJR東海道貨物支線のトンネルが経路にあるため、この上をパイプルーフ工法で通過し、当時まだ現用中だった旧B滑走路の南端下で、東京モ

ノレール「羽田駅」（現「天空橋駅」）と接続するものである。

地下にあるとはいえ「羽田駅」の工事は、飛行場内のため23時〜5時30分までの夜間に限られ、地上にある施工機械の高さ制限や緊急離着陸時の工事中止など空港特有の厳しい縛りがあった。そのため、竣工月には連日24時間作業のハードスケジュールとなったと伝わる。工事中には中国「天安門事件」の際に邦人の緊急帰国に備え、3日間工事ができなかったこともあったとか。

1988（昭和63）年の着工から4年7カ月を要した第1期工事は、1993（平成5）年の「羽田駅」開業により終了。旧「羽田空港駅」は廃止され、海老取川には地元の小学生が名付けた「天空橋」を架橋して歩行者の通行を確保した。しかし、京急の乗客はこの「羽田駅」でモノレールに乗り換えないと、同年にオープンした西側旅客ターミナルビル「ビッグバード」（現第1ターミナルビル）の新「羽田空港駅」（現「羽田空港第1・第2ターミナル駅」）に行けなかったのである。これでは、旧「羽田空港駅」の再来である。

そこで「羽田駅」から新「羽田空港駅」までの約3・2㎞の第2期延伸工事を計画。空港駅上に予定されている東京湾岸道路ができる前に開削工法で工事を行う必要があり、第1期と並行して1992（平成4）年に駅工事から着工された。第2期工事は、「羽田駅」から環状八号線に沿って、旧国際線ターミナル付近まで開削工法で掘り進め、ここから制限区域内に入って当時現用中の旧C滑走路、そして新A滑走路及び西側旅客ターミナルビルまでをシールド工法による単線並列トンネルを通し、悲願の「羽田空港駅」まで開通したのは1998（平成10）年11月18日であった。

Haneda Airport OmoshiroJITEN

Chapter 3

こんな驚きのサービスも!?
羽田空港今昔物語

Chapter 3

「日本初」のサービス尽くし 羽田空港のアイデア展開

「日本初」という枕詞《まくらことば》なしで、羽田空港を語ることはできないだろう。

それはたとえば、1955（昭和30）年の二代目ターミナルビル開業時より採用された「免税店」や見学デッキ入場料を自動で徴収する「ターンスタイル式コインパッサー」、旅客機に燃料や食事を運び込む「ハイドラントシステム」と「機内食ケータリングサービス」、そして渡航客向けの「レンタカー・システム」はすべて日本初であるばかりでなく、何よりも民間資本によるターミナルビル運営そのものが、日本どころか世界でもまだごくわずかに過ぎなかったのである。

奇しくも、二代目ターミナルビルは日本の高度経済成長期とともにスタートするが、これに先立つ1950（昭和25）年と1952（昭和27）年、後《のち》に日本空港ビルデング社長となる秋山龍は欧米を視察する機会を得る。

彼は元運輸官僚という視点で、空港はじめ当時の最先端を見聞してきた知識を中心に羽田のターミナルビルを立案したのである。

敗戦による空白の十年間をいち早く取り戻すには、欧米のキャッチアップしか手はなく、羽田空港においても秋山らが海外で仕入れてきた知見が大いに活かされたといっていいだろう。

特に、海外と直結する「日本の空の玄関口」である羽田空港においては、渡航客を欧米並みのサービスで迎える必要があり、「レンタカー」もその一つであった。

1957（昭和32）年10月1日、日本で第1号の正式許可事業として「ジャパン・レンタカー・システム」が新車10台で発足する。

さらに1960（昭和35）年には、ハーツ・アメリカン・エキスプレスと提携し、当時で全世界58カ国、1800都市に展開する「ハーツ・システム」を日本で唯一獲得するのである。

確かに、「東洋の神秘」たる日本に初めて降り立った渡航者たちが、その空港であの「HERTZ」の黄色の看板を見れば、どれだけ安心しただろうかは想像に難くない。

羽田空港での航空ページェント ブルーインパルスが羽田上空を舞う

昔は羽田空港で、滑走路を閉鎖して航空ページェントが行われていた。

1953（昭和28）年9月には、羽田空港のB滑走路が閉鎖され、航空日復活第1回記念航空ページェントが開催された。10万人を超える人々が集まったといわれている。そこでは保安隊（自衛隊の前身）機や民間機、そして米軍機による機体展示及び飛行展示などが行われた。当時、米軍の新鋭機であったF―84Fサンダージェット戦闘機や超大型輸送機C―124グローブマスター、そして2階建の超大型旅客機であるパン・アメリカン航空のボーイングB377ストラトクルーザーも展示され、人気を博した。

1955（昭和30）年5月15日には、二代目ターミナルビルの完成と羽田空港のA級空港進出を記念した航空ページェントが開催された。A級空港という古めかしい表現は、当時の国際基準でジェット旅客機が発着できる2500m以上の長さの滑走路を持つ空港ということで、羽田空港は同年にA滑走路が2

550mに延長されている。

この航空ページェントには、自衛隊機、米軍機、民間機など約120機が展示され、さらには飛行展示も行われ、盛大なページェントであった。

このような盛大な航空ページェントの様子を見ても、終戦後10年の昭和30(1955)年に世界に誇るべく立派なターミナルビルが完成したことに国民全体が満足しているように感じられる。

1960(昭和35)年9月18日には、「日本の航空50周年記念ページェント」が羽田空港で開催され、航空自衛隊の特別飛行研究班(ブルーインパルス)のF—86Fがアクロバット飛行を行った。ブルーインパルスは、同年4月に公式に発足したばかりだった。

ブルーインパルスは埼玉県の入間《いるま》基地から飛来し、羽田空港上空で華麗なアクロバット飛行を行い、大勢の観客を魅了した。飛行後は入間基地に帰る予定だったが、入間基地が天候不良のため、羽田空港に着陸した。アクロバット飛行終了後、機影が見えなくなり余韻に浸《ひた》っていた中で、ブルーインパルスの機体が次々に羽田空港に着陸し、これには観客も驚いたようだ。これはブルーイ

1953（昭和28）年に開催された航空日復活第１回記念航空ページェント。（出典：羽田開港50年）

ンパルスの最初にして最後の羽田空港への着陸となった。

このページェントでは、１９２０（明治43）年12月、代々木練兵場で徳川好敏《とくがわよしとし》陸軍大尉により日本で最初の動力飛行を行ったアンリファルマン機が米国から返還され、展示された。その他、同年８月に就航したばかりの日本航空の最初のジェット旅客機ダグラスＤＣ－８、前年に高度の世界記録を樹立した富士ＫＭ－２型、自衛隊機、海上保安庁機、米軍機など数十機が展示された。

このように１９６０年ごろまでは、羽田空港の滑走路を閉鎖して航空ページェントが行われるという、今では考えられないようなのどかな時代だった。

Chapter 3

ターミナルビル屋上に遊園場そこで公開されたYS―11

1962（昭和37）年、日本航空機製造のYS―11が初飛行に成功する。GHQによる航空禁止令が解除されてから10年、日本人にとって悲願だった戦後初の国産旅客機である。

これに先立って、耐空性審査のため荷重に耐える強度と耐用寿命を持つことを証明するための「静荷重試験用」の01号機と「疲労試験用」の02号機という2機の試験機が製造された。

02号機を使用した胴体の疲労試験とは、胴体を巨大な水槽に沈《しず》め、外から水圧を何度も加えたり、あるいは水を胴体中に入れて漏《も》れをテスト。翼の疲労検査は、1回につき1時間のフライトを想定し、油圧ジャッキで繰り返し過重を加えて疲労の具合をテストした。

世界でも例のない過酷な疲労強度試験が行われ、致命的な疲労被害が生じないことが確認された02号機は、「見学施設として、できるだけ実物を展示した

二代目ターミナルビル屋上にあった展望遊園場。（写真提供：日本空港ビルデング）

い。特に飛行機の機内を見学し、合わせて搭乗の気分も味わってもらうことできたら」という日本空港ビルデングの希望により、１９６５（昭和40）年に二代目ターミナルビル本館屋上の展望遊園場西側で大人20円、小人学生10円の観覧料で公開されることになったのである。

右翼、車輪及びプロペラは展示場の都合と危険防止のため外され、コックピットの各装置はモックアップだったが、客室内は実機そのものであり、公開からわずか３年で３００万人もの見学があったと

遊園場の隣に設置されたYS-11。（写真提供：日本空港ビルデング）

いわれている。

これが、「飛行機初搭乗」だった人も多いと聞いている。

機体塗装は、日本航空機製造・試作一号機（JA8611）に始まり、日本国内航空、そして東亜国内航空「しれとこ」（JA8776）へと変遷しているが、広告媒体としても大きな役割を果たしたのである。

1975（昭和50）年、台風時などの危険から撤去されることになり、惜しまれつつスクラップ処分となった。

Chapter 3

羽田空港が創業から掲げた航空普及教育とは？

羽田のターミナルビルを運営する日本空港ビルデングは、1953（昭和28）年の創業時より「航空思想の普及」という事業を掲《かか》げてきた。

事実、現在の定款《ていかん》においても、こうある。

第2条　当会社は、次の事業を営《いとな》むことを目的とする。

（1）空港ターミナル・ビルデングの所有及び経営

（2）航空事業者、航空旅客及び航空貨物に対する役務の提供

（3）航空思想の普及、観光に関する事業

「当社の見学施設として重要な位置を占める航空展示場の設置の意義は、航空に関する常設的な展示場として広く見学者に供覧し、わが国の航空知識普及事業の中心となって航空教育に尽力しようとするものであり、同時に見学者に対しての事業として経営面において当社の持つ公共性を、航空展示室、航空相談所、航空映画館を含む航空展示場の存在によって明白にしたものである」（日

観覧者入口。当時は空港の見学者を観覧者と呼んでいた。（写真提供：日本空港ビルデング）

本空港ビルデング「ターミナル・ビル五年のあゆみ」と、70年前から航空知識の普及と航空教育を事業の一つとしてきたことは、民間会社にあって特筆すべきことであり、空港ターミナルビルの高い公共性を認識していたからに他ならない。

航空教室では、航空技術の発達や空の旅の一般化にあわせて、展示内容も充実させていくのであるが、そこにはダグラス社やボーイング社などの機体メーカー、そして国内外エアラインから実物や模型の寄贈があったのである。

特に、日本航空で使用していたDC—6Bの訓練用コックピットは、最後期のレシプロ旅客機らしく多数のアナログ計器とスイッチ群に囲まれ圧巻であった（現在は、札幌市青少年科学館で保管中）。

航空教室には、航空の歴史を描いた大壁画と各時代の飛行機の模型がすべて50分の1の縮尺に統一されて展示。ジェットエンジンやレシプロエンジンは実物が展示され、充実した内容だった。さらに航空映画室なども併設していた。

航空相談所では、見学者に配布した「空港のしおり」や「東京国際空港」という充実した航空解説書を編集出版したり、航空適正検査室では子どもたちにパイロットの能力を自覚させるべく、航空大学校や自衛隊などで使用されている検査装置を導入するなど本格的な施設であった。

また、屋上に見学者ガイド・センターを設け、テレビカメラで見学者の流れに応じて航空機や空港に関する現状の案内や誘導を行っていた。１９７０（昭和45）年からは１９６３（昭和38）年以降使用されなくなったコントロールタワーを航空局の許可を得て、コントロールタワー教室として一般に公開した。

これらが航空知識の普及に大きく貢献していくのであった。

コントロールタワー教室。後ろには実際に現用中のコントロールタワーが見える。

航空映画館

見学のしおり（資料提供：岩井純氏）

航空教室

（写真提供：日本空港ビルデング）

Chapter 3

羽田空港は特別な場所
羽田節とビアホール

「ハレとケ」でいえば、地元大田区民にとって羽田空港は特別な場所、「ハレ」である。もちろん、1945（昭和20）年9月21日の「48時間以内の強制退去」や占領期という重い過去も負っているが、振り返ってみれば江戸期からの名所に始まり、明治・大正期の穴守稲荷神社《あなもりいなりじんじゃ》の賑《にぎ》やかさ、昭和に入り黎明《れいめい》したばかりの民間航空やそれに続く大航空時代を支えた「東京飛行場」、そして戦後大きく羽ばたき発展する「東京国際空港」と、文字通り日本の歴史とともに姿を変えながら歩んできた土地なのである。

　建築研究家の鈴木博之は、「どのような土地にも、時を経ても消えることのない歴史・記憶の堆積、『地霊（＝ゲニウス・ロキ）』があり、それは、土地に結びついた連想性と可能性を生み、その可能性の軌跡が都市をつくり出していく」と述べているが、羽田も過去から今に至るまで多くの人々を魅了し続けてきた秘密は、こうした「堆積」の結果ではないだろうか。

二代目ターミナルビルでは、「地元に根ざした場所」として夏には屋上を開放し、江戸時代から羽田と対岸の川崎の漁師たちの間で歌い継がれてきた「羽田節」で、地元の小学生たちも交えて盆踊りが行われ、また屋上のビアホールでは近隣だけでなく都心からもサラリーマンたちが東京湾からの海風と、ダイナミックな旅客機の離発着と、幻想的な青い誘導路灯を肴《さかな》に、ビールを堪能していたのである。

また地元にとって、わざわざ銀座まで行くことなく東京の銘品や一流品を空港の売店で買い求めることができるばかりでなく、空港内の高級レストランで誕生日や特別な日を祝ったり、休日には家族揃って遊びにくるという、「空の旅」以外の目的で羽田空港を利用してきたのであり、ここが他の空港とは大きく異なっているといっていいだろう。

ターミナルビル屋上で行われた羽田節の盆踊り大会。（写真提供：日本空港ビルデング）

Chapter 3

ターミナルビルは異国情緒 高級レストランで外国気分を

1955(昭和30)年5月20日に竣工した二代目ターミナルビルの国際線出発ロビーは、これこそ「外国」であった。

これから海外に旅立つ乗客たちは、1階のチケットロビー前でタクシーを降り、ガラス張りのロビーに華やかに並ぶ各国エアラインのカウンターでチェックインを済ませると、当時としても物珍しかった印象的なエスカレーターで2階のロビーまで上がる。

エスカレーターを降りて渡り廊下を抜けると、そこにはさらに上階の天井まで届く吹き抜けと、まるでギリシャかローマの神殿のような見上げるばかりの高い高い柱とシックな石材タイルの床、そして滑走路側からの外光を存分に採り入れた明るく豪華で広々とした待合室、これが国際線出発ロビーであった。

壁には、精工舎《せいこうしゃ》の世界時計や東京から各国を結ぶ航空路を表示した世界地図が掲げられ、中央案内所には巨大な「ソラリー」(122ページ参照)が海外

ロビーにあった精工舎の世界時計

同じくロビーにあった、羽田から航空路を示した世界地図

二代目ターミナルビル国際線出発ロビーの中央案内所に設置された巨大ソラリー。

（写真提供：日本空港ビルデング）

へと旅立つ出発便を表示している、ここに立つだけでもまだ見ぬ異国への憧《しょう》憬《けい》や空の旅の期待で胸が膨《ふく》らむ素敵な空間であった。

さらに、エスカレーターで3階に上がると、ロビーとは一転して豪華なカーペット敷きとなり、中華の「彩鳳《さいほう》」、洋食の「アビオン」、和食の「大和」といった高級レストランたちが現れてくる。当時の庶民たちが、普段口にすることもないであろう高価で素晴らしい古今東西のメニューが並び、出国する旅人たちにとっては、これから訪れる国への想いや、しばしの別れとなる日本の味をきっと満喫していたはずである。地元の人たちも、記念日など「ハレ」の日はここで食事をするといわれており、この階も人々の憧れだったのである。

一方、当時の穴場食堂といえば、1階にあった「オアシス」と地階「官庁食堂」だろう。「オアシス」はまだ珍しかったセルフのカフェテリア方式で、値段が安いうえに美味しく、空港職員だけでなくエアライン各社のスチュワーデス（キャビンアテンダント）たちも制服のまま利用していたので、一般利用客にとっては穴場中の穴場だった。また、あまり知られてないが、小さいながらも地階の「官庁食堂」も空港で働く人たちのパワーの源泉となっていたのである。

和食・大和

中華・彩鳳

洋食・アビオン

（写真提供：日本空港ビルデング）

Chapter 3

免税店、日本土産、全国銘品、コンビニの先駆けなど羽田のショップ展開

羽田空港の楽しみの一つといえば、ショッピングだろう。

現在のターミナルビルでも、旅行客への土産物はもちろん、ブランド店から銀座の老舗《しにせ》、そして地方の特産品や最新のスイーツまでずらりと揃っており、地元の大田区民や川崎市民にとってもわざわざ都心まで出かけなくても、空港にさえ行けばなんでも手に入る。

これは二代目ターミナルビル時代から踏襲《とうしゅう》されてきたもので、国際線出発ロビーでは免税店だけでなく、御木本《みきもと》の真珠や吉徳《よしとく》の日本人形、セイコーの時計などの専用ショップを開設し、国内線出発ロビーでも「東京銘品店」、国内線到着ロビーで「全国銘品店」とそれぞれの地の特産品を集めていた。

1964(昭和39)年、空港職員の日用品のためスーパーマーケット方式のセルフサービス店「エアポート・マート」がオープン。「セブン－イレブン」が10年後の1974(昭和49)年に1号店が開業するのだから、コンビニの先

免税店

御木本の真珠店

生花店

（写真提供：日本空港ビルデング）

駆けといっていいかもしれない。

しかも驚くべきことに、こうした売店と前項のレストランの大半が、日本空港ビルデングとそのグループ会社による直営なのである。

当時より、専門店にテナント貸しする方式か直営方式かで社内で議論があったそうだが、「空港の使命を生かした統一ある売店を」ということで直営が採られることになり、それは現在のターミナルビルでも引き継がれている。

販売員たちも国際空港に勤務する者として恥ずかしくないよう、語学はじめ一般教養、そして販売品の専門知識やマナーなども研修していたという。

数少ない専門店として入っていたのが、書籍「田辺書店」、テーラー「羊屋」、生花「富士花園」、写真「東京空港カメラ」などであるが、中でも「羊屋」は、空港らしくパイロットやスチュワーデスの制服をオーダーメイドで仕立てていたのである。

なお、羽田空港で最も老舗であろう「田辺書店」は、今も第2ターミナルビル地下1階で健在である。

また二代目ターミナル時代に、モノレール改札の地階通路にあって現在の第

ブックスフジ（写真提供：日本空港ビルデング）

1ターミナルビル地下でも営業していた「ブックスフジ」は、航空図書を取り扱っていたため、多くの航空ファンから愛されていたが、惜しまれつつ2017（平成29）年に羽田空港から撤退し、京急羽田線「大鳥居駅」前の本店のみとなった。

Chapter 3

観光客から航空乗務員用まで羽田空港のホテル今昔

羽田空港のターミナル内にできた最初の本格的なホテルは、「東京エアターミナルホテル」であった。このホテルは1963（昭和38）年10月、深夜早朝便あるいは通過客などの航空旅客、そして航空乗務員の宿泊施設として二代目ターミナルビル本館に開業した。その他に小規模な簡易な宿泊施設「日航レストハウス」が1962（昭和37）年に開業している。

1964（昭和39）年には、二代目ターミナルビルと駐車場を挟んだ反対側、多摩川沿いに「羽田東急ホテル」と「羽田プリンスホテル」が開業した。「羽田東急ホテル」は結婚式場、宴会場に加え、多摩川に面した環境を活かしてプールやゴルフ練習場なども備えていて、1966（昭和41）年にはマリーナも設置されたリゾートホテルだった。1968（昭和43）年には、「羽田東急ホテル」が「羽田プリンスホテル」を吸収合併して「羽田東急ホテル別館」として開業した。

「羽田東急ホテル」は、沖合展開事業により2004（平成16）年9月に閉鎖され、同年12月に「羽田エクセルホテル東急」として第2ターミナルビルに隣接して開業した。

その後、2012（平成24）年4月にはホテルよりも簡易な宿泊施設として「ファーストキャビン羽田ターミナル1」が、2014（平成26）年9月には、国際線ターミナルビル（現第3ターミナルビル）に「ロイヤルパークホテル ザ 羽田」が、そして2022（令和4）年12月に「ホテルヴィラフォンテーヌ羽田」が第3ターミナルビルに隣接して開業した。

このように、現在はたくさんのホテルが羽田空港のターミナルビルに隣接して開業している。これらは空港内にあるということで、滑走路が見える部屋、ファーストクラスのシートが置かれた部屋、フライトシミュレーターのある部屋、日本に入国せずに泊まれる部屋など、それぞれ特徴を有したホテルとなっている。

Chapter 3

特別送迎待合室・別れの窓 そして盛大なお見送り

1964（昭和39）年4月に海外渡航が自由化され、観光旅行も自由に行かれるようになった。それでも航空運賃は、東京―サンフランシスコ間で片道約28万円、往復約45万円。往復運賃は当時のサラリーマンの平均年収とほぼ同額という高額であった。また、1人につき年1回上限500ドル（18万円）という外貨の持ち出し制限もあり、海外旅行は一般大衆には高嶺の花だった。

したがって、仕事あるいは観光で海外に行く時、羽田空港での見送りは親類縁者や関係者が大勢集まり、のぼりや横断幕を用意し大変盛大なものとなった。

1963（昭和38）年、翌年の東京五輪に向けて大幅に増築された二代目ターミナルビルには、有料の特別送迎待合室が設けられた。ここは出国待合室との間がガラス一枚で仕切られていて、会話ができる穴の空いた丸窓「別れの窓」があり、送迎者が出国手続きを終わった旅客と最後まで会話を交《か》わして別れを惜《お》しむことができるようになっていた。同様な設備は1970（昭和45）年に

別れの窓。（写真提供：日本空港ビルデング）

できたジャンボジェット機用フィンガー先端のゲートラウンジにも設けられた。

１９３１（昭和６）年、羽田空港開港時に建てられ、１９５５（昭和30）年まで使われた初代ターミナルビルでは、出国検査を終えた旅客がまた待合室に戻り、飛行機が出発するまで送迎者と会話を交わすことができたというおおらかな時代だった。１９５５（昭和30）年に開業した二代目ターミナルビルでは、開業当時、旅客と送迎者は出国検査の前に別れ、その後は飛行機への搭乗時もフィンガーからは遠く、言葉が交わせないという苦情があり、このような設備が設けられたようだ。

Chapter 3

日本で初めて採用した案内表示のパタパタ「ソラリー・データ・ビジョン」

１９８０年代を代表する音楽情報番組『ザ・ベストテン』といえば、「パタパタ」とフラップが回転して順位が表示されるランキングボードだが、これは飛行機好きのＴＢＳプロデューサー山《やま》田《だ》修爾《しゅうじ》が羽田空港にあったソラリー社製「反転フラップ式案内表示機」から思いついたものである。

１７２５年にイタリアで時計メーカーとして生まれたソラリー社は、１９４８年には駅や空港の広報ディスプレイを手掛けるようになり、１９５６年に世界初の鉄道情報表示システムを、ベルギーのリエージュ駅に設置した。

１９６３（昭和38）年、翌年開催の東京五輪に備えて二代目ターミナルビルで国際線部分の拡張工事が始まるが、それまで館内アナウンスに頼っていた旅客案内を充実させるため、日本空港ビルデングは世界の代表的空港で航空機発着表示盤として使われているソラリー社に技術スタッフを派遣して調査した。その結果、同社のデータ・ビジョンを採用し、１９６４（昭和39）年11月から国際線出発ロビーで日本初の「パタパタ」が試用開始となった。そして、1968（昭和43）年に国際線、国内線とも本格的な大型ソラリーが導入された。日本空港ビルデングは「パタパタ」を事業収益化するため、ソラリー社から極東総代理店権を獲得している。

またこのころ、日本空港ビルデングと日本コロムビアの両社は時計針のない「電子機械式数字カレンダー時計」の製造、販売、輸出を目的とし、ソラリー社と提携を結び、「日本ソラリー」も設立する。

後《のち》に一般用時計として販売される、「パタパタ」とフラップが回転して日時と曜日が変わるあの精巧な時計である。

さらに、日本空港ビルデングのグループ会社である日本空港商事（現国際協商）は公共用照明器具を製造販売する鈴岡電気照明（現スズオカ）と組み、大田区西六郷に共同工場を新設し、「パタパタ」ことソラリーのデータ・ビジョンを空港やエアラインだけでなく、全国の駅、施設へと製造、販売していくのである。

そしてスズオカは、今も羽田はじめ公共案内システムを手掛け続けている。

Chapter 3

エアポートコンシェルジュの元祖「エアポート・ホステス」

羽田空港では、1964（昭和39）年開催の東京五輪で増大するであろう国内外からの旅客に対するサービス向上を目指し、1963（昭和38）年度より「エアポート・ホステス」制度が始まった。

現在の表現で「ホステス」はどうかという気がするが、この時代の「Hostess」とは〝ゲストに応対する女性スタッフ〟という意味で使われており、現在でいえば「コンシェルジュ」だろうか。

当時、こうしたゲスト対応のスタッフ制度を採用していたのは、世界でも例が少なくパリのオルリー空港など「2、3例にとどまるのみ」といわれている。

初年度は、18名の「エアポート・ホステス」と補佐の「アプレンティス・ホステス」5名が配置された。

彼女たちの業務は、インフォメーション・センターでの案内放送、各案内所での応対や旅行傷害保険の受付、ロビー内のパトロールと案内、国際線到着旅

エアポート・ホステス（写真提供：日本空港ビルデング）

客に対する案内と「Aid to Visitors」という海外からの到着客に対する案内書の手渡しと歓迎、エアラインのグランドサービスのうち旅客に対するサービスの受託代行と実に幅広かった。

エアラインからの業務委託においては、契約した社の一員として発着ごとに旅客の誘導から案内、官庁手続きのサポートまで行うため、語学だけでなく空港内の地理や発着情報にも明るい必要があった。

ＫＬＭオランダ航空とカナダ太平洋航空から始まったこの業務は

大変好評で、アリタリア航空、英国海外航空（BOAC）、ノースウエスト航空、パン・アメリカン航空まで広がったばかりか、日本航空からも受託するに至ったのである。

そうした事情なので、「エアポート・ホステス」たちは外国語に堪能な津田塾大学や東京外国語大学など東京、名古屋、京阪神及び九州の4年制大学からの新卒で、しかも多数の志望者から厳選され、さらに3カ月間の特別教育を受けたエリートたちだったのだ。

「エアポート・ホステス」たちの制服は、「目立つように、しかも上品さと優雅さを失わず、空港に華やかさを添えるよう」にと、鮮やかなレッドを基調としたデザインは新進気鋭の森英恵《もりはなえ》だったと聞く。

Column

ターミナルビルの中で唯一無料サービスだったものとは？

当時、見学者は日本初の民営ターミナルビルの経営を支える大事な「お客様」であった。現在とは違い、空港見学にも大人100円、小人60円の入場料を払う必要があったが、それでも昭和40年代は年間300万人以上の見学者を数えていたのである。さらに、屋上に展示しているYS-11の見学も有料、憧れの航空適性検査も有料ということで、空港で遊ぶ子どもたちは少ないこづかいのやり繰りに追われることになる。しかし、当初から無料のサービスもあった。それは展望ホールの湯茶接待所であり、静岡茶商工業協同組合より上質の茶葉の寄贈を受けていたのである。

Chapter 3

報道写真から記念撮影まで空港の至るところに空港写真部あり

修学旅行の思い出といえば、集合写真だろう。昔の卒業アルバムを開いてみると、羽田空港で撮影した集合写真があったりする。

その撮影を専門にしていたのが、ターミナルビルの写真部である。

その業務は多岐にわたっており、団体や一般見学者の集合写真だけでなく、機体の傍《かたわ》らやタラップで旅客者を記念撮影したり、エアラインの社用写真、航空局など官庁向け写真、重要貨物の通関証拠写真、専用スタジオではパスポートなど身分証明書用写真まで手掛けていた。

また、日本の空の玄関「羽田」らしく、各国政府や広告代理店、エアラインなどからの依頼により、発着するVIPや航空貨物の撮影とそれに英文キャプションをつけて、英字新聞社に配信するニュース・サービスも行っていたのである。依頼があれば、和文のリリースも報道機関に提供していたという。

団体の写真は春秋のシーズンに集中するため、駒村商会のスピードグラフィックカメラ「ホースマンプレス」を導入して効率化を図った結果、３００名程度の団体でも、1回40名の組に分けて撮影するのに約5分だったそうだ。

そうはいっても、撮影から現像、焼増しまですべて社内でかつ短時間で行うわけだから、多くのスタッフが必要だったに違いない。１９７０（昭和45）年で、写真部の従業員は36名、うちカメラマンは16名を数えていたのである。

展望デッキにて行われた団体の記念撮影。（写真提供：日本空港ビルデング）

当会が監修した『羽田空港アーカイブ１９３１—２０２３』は、当時の写真部員たちが撮影した膨大な羽田の姿のうち約８００枚を選び掲載したが、どれもが初めて見る素晴らしい作品ばかりで、彼らのプロ意識と歴史的価値の高さに驚くばかりである。

Chapter 3

修学旅行生狙いのポイント制度「エアポートチップ」

ターミナルビルの経営は、不動産賃貸事業と旅客サービス事業、そして見学案内や物販、レストランという「付帯事業」と呼ばれる部門が中核を担《にな》ってきた。当時、空港という社会インフラを日本初の民間資本会社が運営するにあたり、賃料が高額になる恐れを海外のエアラインから指摘され、その懸念《けねん》を払拭するため、特に「付帯事業」に力を入れた羽田空港では、多くの見学者を受け入れるべくさまざまな工夫をしてきた。

1965（昭和40）年には年間380万人近くの見学者が羽田を訪れていたが、実にその6割以上が団体客だったのである。

「浅草」「東京タワー」「羽田空港」がこのころの東京名所であり、はとバスもこのルートで全国の観光客を楽しませていた。

社会科学習の場として、そして航空知識の普及の場として、遠足や修学旅行など学生団体の受け入れには特に熱心で、修学旅行協会の『修学旅行』という冊子でも「見学はまず東京国際空港（羽田）へ」などという広告を盛んに出して営業していた。

各地から来た生徒、学生たちは、間近で本物の旅客機を見て、その大きさに驚き、航空教室で学び、食堂で東京の味を楽しみ、売店で土産物を選び、そして最後は滑走路をバックに団体写真を撮るという定番のコースが大人気だった。団体写真は2枚まで無料で、生徒・学生の数だけ焼増し料が見込めたのだ。

そして、1967（昭和42）年から「全国学校教材充実運動」が始められた。毎年羽田へ見学に訪れる全国の小・中・高の学校に対して、展望遊園場売店で土産物などを買うと100円につき1枚の「エアポートチップ」を渡し、これを所定のノートに貼り、チップ枚数に応じた希望の教材をカタログから指定して申し込めば、その教材を学校に寄贈するという制度だった。

今でいうところの、修学旅行生たちをリピーター化するための「マイレージ戦略」「ポイント戦略」であろう。この着眼点も、当時としては先進的であったといえる。こうして人生で初めての羽田空港が遠足や修学旅行だった人はかなり多いのである。

Chapter 3

ガソリンスタンドも開業「シェルガソリンスタンド」

二代目ターミナルビル時代、空港にはコーポレートカラーのオレンジ色で「ＳＨＥＬＬ」と書かれた看板と、大きな両翼を伸ばしたユニークな屋根のガソリンスタンドがあった。

日本に高度成長期が訪れる直前の１９５４（昭和29）年、日本空港ビルデングは初代ターミナルビルにあったシェルの石油直営給油所を借り受けて営業を開始し、二代目ターミナルの開館に伴い、１９５７（昭和32）年に新たにシェル特約店としてサービス・ステーションを開業させる。

世はモータリゼーションの波がやってきており、自家用車ばかりでなくタクシーやハイヤー、バスが多く行き交う空港の給油所も大盛況だったはずだが、大家業の片手間では「事業は少しも発展せず、ついに赤字になるに至った」と社史にある。

そこで背水の陣の経営組織が必要ということで、グループ会社の日本空港商事に燃料部を設け、さらに東京五輪を備えての大拡張時に本格的なサービス・ステーションを、1963年（昭和38）年に新設することになったのである。

新設する以上は、日本の表玄関としての羽田空港に相応《ふさわ》しく、しかも内外から注目を惹《ひ》く斬新なデザインが求めれた結果、飛行機の翼に似た屋根の建物となった。

給油所としての機能を十分に発揮するため、支柱を持たない棟の長さが30ｍに及ぶ大屋根は、貝殻のような曲面を持ったシェル構造の鉄筋コンクリート片持梁式で、その厚さは6～8㎝と非常に薄いが、60ｍの瞬間最大風速にも耐えられる画期的なものであった。

また、管制塔をイメージしたラウンド方式の販売室や、短時間で給油できる米ギルバーコ社製のガソリン計量機（給油機）、それにまだ珍しかった自動洗車機（米レイノルズ社製）など最新鋭の設備を導入していた。

その結果、燃料事業は黒字化したばかりでなく、ターミナル経営にも大きく貢献することになったのである。

1963年に新設されたシェルガソリンのサービス・ステーション（写真提供：日本空港ビルデング）

Column

羽田空港はケータリングサービスのパイオニア

「空の旅」の楽しみといえば、機内食もその一つではないだろうか。日本航空の創業時は、機内食として銀座のレストランからコーヒーやサンドイッチを仕入れ、それを送迎車で羽田まで運んでいたという逸話もあるが、今も昔もエアライン各社は味やサービスを競い合っている。中でも日本空港ビルデンググループのコスモ企業は、国際線の機内食調製や搭載業務、いわゆる「ケータリングサービス」のパイオニアであり、その前身のコスモポリタン社は、戦後羽田に駐留していた米軍への機内食提供からスタートしたのである。同社のエアラインへの本格的な供給は、1952（昭和27）年に英国海外航空（現ブリティッシュ・エアウェイズ）へのケータリング業務が最初だとされている。

Chapter 3

羽田空港から各都市へリムジンバスネットワーク

羽田空港へのアクセスとして、各社が運行する高速バスの存在は欠かせない。そのネットワークは東京ばかりでなく、千葉、神奈川、埼玉、茨城、群馬、栃木方面に加え、静岡、山梨、そして最長路線の仙台までと実に広い。また、深夜・早朝便があるのも24時間空港らしい。

手荷物が多い旅客にとっては、自宅近くの最寄り駅から乗れば、羽田まで乗換なしでゆっくり座って行けるので、大変便利なのである。

中でも、飛行機の垂直尾翼をイメージしたオレンジ色のラインとホワイトのツートンカラーが印象的な「東京空港交通」が運行する「エアポート・リムジン」バスを利用したことがある人も多いだろう。

もともと「リムジン・サービス」とは、世界各国で採用されている空港とホテルとを高級車で旅客を輸送する事業のことであったが、羽田でもエアラインや航空局からリムジン・サービスを要請された結果、日本空港ビルデングを中

国際線到着ロビー前に並ぶ日本空港リムジン交通の車両。（写真提供：日本空港ビルデング）

心に京浜急行や大洋興業などによる「日本空港リムジン交通」が、二代目ターミナルビル竣工前の1954（昭和29）年に設立された。これが、今の東京空港交通である。

営業当初は、わずか6台の外国製乗用車からスタートし、その後は19台まで営業車両を増やすが、1960（昭和35）年にあっても「業績はまだ好調といい難く、創業以来無配であり、まだ配当開始の見込みも立ち難い」（「ターミナル・ビル五年の歩み」）と苦しい胸の内を吐露《とろ》しているものの、「航空機の全ジェット化にともない、事業の急速な拡充が要望されているので、今後に期待するところは大きい」(同)と希望を捨ててはいなかったのである。

その後、貸切の観光バスやターミナルと駐機場を結ぶランプバスサービス、そしてハイヤー、レンタカー事業の吸収など業務を急拡大していった。さらに新東京国際空港開業に伴う成田と箱崎の東京シティエアターミナル(TCAT)を結ぶ新路線も開発していくのである。

現在では、都内はじめ幅広い路線で1日あたり約1200便を運行しており、羽田には欠かせないサービスとなっている。

Haneda Airport OmoshiroJITEN

Chapter 4

知っておきたい
羽田空港の設備
空港施設と働く人たち

Chapter 4

羽田空港の電気と水道、ガス、通信システムはどうなっているのか？

羽田空港は、旅客及び空港で働く人々を含めて1日20数万人が利用する、ひとつの都市ということができる。そこには電力、ガス、上下水道、電話などの安定的な供給が欠かせない。

電力は、「新整備場駅」近くのユーティリティセンタービルにある東京電力の空港西変電所から供給されている。この電力に加えて、第1、第2、第3ターミナル、そして東西の国内貨物ターミナルの屋上に広大な面積を活用してメガワット級の太陽光発電システムが設置されている。

ユーティリティセンタービルに隣接し、地域冷暖房施設のエネルギーセンターがある。エネルギーセンターでは、ユーティリティセンタービルから電力を、そして南側に隣接する上下水道の供給処理施設より水の提供を受け、旅客ターミナルビルをはじめ、空港内の各施設に冷房用冷水と暖房用蒸気を送り出している。

ガスはエネルギーセンターに隣接した東京ガスのガバナーステーションで、高圧で送られてきたガスを減圧し、各施設に供給している。

羽田空港の水道は簡易水道と位置づけられ、空港敷地内は事業者（東京航空局）の負担で維持管理されている。海老取川《えびとりがわ》に架かる弁天橋付近の空港敷地内からが東京航空局の責任で、空港敷地内の配水管の全長は約32㎞である。

各旅客ターミナルの地下には国内では珍しい大型木製水槽が設置され、美味しい水が提供されている。また、水資源の有効活用を目的として、各ターミナルで発生する排水及び雨水を処理して、トイレ洗浄水として再利用している。

羽田空港では、空港の効率的な管理・運用を目指して共用通信システムが構築されている。このシステムは2台の大型交換機と各建物を光ファイバーで結び、高品質・大容量の通信サービスを提供している。信頼性を向上するために、2台の大型交換機は、それぞれ異なるＮＴＴ局（羽田局と大井局）と接続されている。

羽田空港はエコエアポート 7つの環境施策とは？

エコエアポートとは、空港の地球環境への影響を低減させることを目的に、国土交通省が定めたガイドラインに基づき、空港及び空港周辺地域において、環境の保全及び良好な環境の創造を推進する空港のこと。空港では従来、騒音対策は進められたが、運用面での総合的な環境対策が不十分であったことから、国土交通省が2003（平成15）年にエコエアポート・ガイドラインを策定した。

羽田空港もエコエアポートとして、2006（平成18）年度に「東京国際空港環境計画」を策定して環境への配慮、施策を推進している。

環境目標としては、①航空機からのCO_2排出量の削減、②騒音エリアを拡大させない、③上水使用量の削減、④防氷剤の使用量低減、⑤廃棄物の削減、⑥自然環境の保全、⑦公共交通の利用率向上である。

2015（平成27）年度に行われた総合評価では、①CO_2排出量、②騒音については目標を達成。③上水使用量、⑤廃棄物については、目標を達成できなかった。④防氷剤の使用量低減については、航空会社の削減努力は認められるが、目標は未達成。⑥自然環境の保全については、水生生物の生息環境を保全するため、浅場の造成などを行っているが、評価は状況に変化なし。この浅場とは、干潟に広がる水深が5m以下の浅い場所で貝類や甲殻類が生息し、海水の浄化作用がある。羽田空港では、空港東側および南側の東京湾に面した護岸に沿って延長約7㎞、面積約250haの浅場が東京都の事業として造成された。⑦公共交通の利用率向上については、もともと8割を超える利用率で、ほぼ横ばい状態であり、評価は状況に変化なし。

以上のように羽田空港では、エコエアポートとして概《おおむ》ね環境目標を達成しているが、③上水使用量、⑤廃棄物は目標を未達成であり、今後は空港利用者一人ひとりの環境に対する配慮がより重要となってきている。

東西の2つの国内貨物ターミナルに設置されたソーラーパネル。

騒音低減に向けた工夫 飛行経路、滑走路、離着陸

羽田空港では、沖合展開事業がそもそも騒音対策を目的の一つとしたもので、単に旧空港を拡張するのではなく、市街地から離れた広大な埋立て地に空港を移転・拡張した。

原則として、羽田空港への着陸時、そして羽田空港からの離陸時の飛行経路は市街地を避けて東京湾上空に設定されている。ただし、国際線を大幅に増便するために2020（令和2）年からは、南風時の羽田空港への進入飛行経路が東京の市街地上空に設定されている。この場合でも、運用時間の制限（午後3時から7時まで）、そして市街地上空の高度を上げるため好天時の進入経路降下角の引上げ（3度から3・5度）並びに着陸地点を滑走路の内側（A滑走路で480m、C滑走路で390m）に移設して最終進入段階の高度を約20m引き上げるなどの騒音対策が行われている。

また、南風好天時にB滑走路及びD滑走路へ進入する場合、滑走路に直進で

進入すると、江戸川区や浦安市上空を飛行することから、飛行経路が東京湾上空を通って着陸できるようにＩＬＳシステム（Instrument Landing System：計器着陸装置）を設置している。

航空機の離着陸方式も、騒音の低減化を目指したものとなっている。離陸時には、一定高度に達したあと、通常上昇出力のまま最大上昇角度が得られるように上昇する急上昇方式、着陸時は浅いフラップ角のまま着陸し、空気抵抗減少に伴うエンジンの出力減少分だけ騒音が低下する低フラップ角着陸方式などが採用されている。

航空機からの騒音についても、初期のジェット旅客機と現在のジェット旅客機の騒音レベルをほぼ同サイズの機体で比較すると、約20デシベル（感覚的には約4分の1）に低減化されている。

飛行高度の引き上げ

(1)着陸地点を移設し、飛行高度を引き上げる

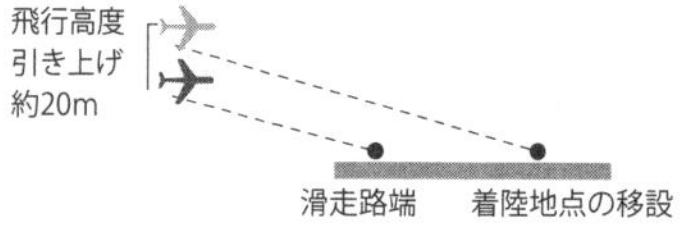

(2)降下角度を3°から3.5°に引き上げ、飛行高度を引き上げる

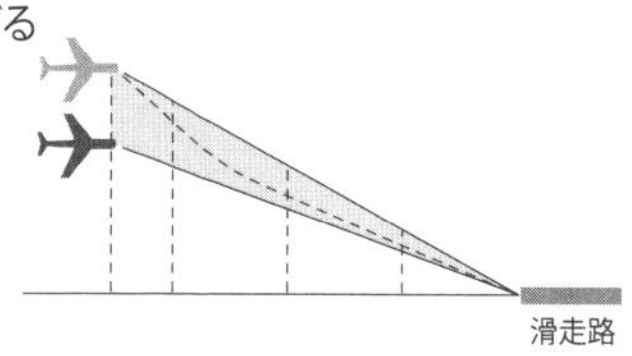

（国土交通省航空局ホームページより）

羽田空港の航空施設①
2つの管制塔

羽田空港には2本の管制塔がそびえている。低いほうの旧管制塔は1993（平成5）年9月27日、沖合展開事業第Ⅱ期が完了し、ビッグバード（現第1ターミナルビル）と同時に供用開始となった。

旧管制塔の高さは、整備される予定の新B滑走路、新C滑走路及びその周辺が見渡せるように、77・6mとなった。なお、空港及びその周辺には航空機の安全を保つために制限表面（高度の制限）が設けられているが、旧管制塔では視認性の確保のため、高度制限45mを越えた高さとした。細長い形状のため、風による揺れが業務に影響する可能性があることから、水の移動による揺れのエネルギーを吸収する制震装置が設置されている。

高いほうの新管制塔は、2010（平成22）年10月に羽田空港再拡張事業として国際線ターミナルビル（現第3ターミナルビル）、及びD滑走路の供用開始に先立つ同年1月12日に供用が開始された。新管制塔の高さはD滑走路を見

2つの管制塔。左が1993（平成5）年に供用開始となった旧管制塔。右が2010（平成22）年に供用開始となった新管制塔。

渡せるように115・7mとなっている。この高さは当然日本一で、世界でも4番目である。

新管制塔でも風による揺れ対策が講じられている。今まではこのような高層の管制塔は鉄骨構造だったが、新管制塔では剛性が高く、風の揺れに強いRC（鉄筋コンクリート）構造とし、さらに特殊な免震、制震装置を設置している。

現在は、新管制塔により運用されているが、旧管制塔はバックアップ用として今も残されていて、緊急事態にいつでも対応できるようになっている。

羽田空港の航空施設②
4本の滑走路

羽田空港には4本の滑走路がある。二組のペアの滑走路がターミナルビルの周りに井桁状《いげたじょう》に配置されている。北西／南東方向のペア、A滑走路（3000m）とC滑走路（3360m）、これらに交差する北東／南西方向のペア、B滑走路（2500m）とD滑走路（2500m）である。A滑走路とC滑走路、そしてB滑走路とD滑走路は、それぞれ滑走路中心間隔が1310m以上あるオープンパラレル配置で、それぞれの滑走路の独立の運用が可能となっている。

これらの滑走路はどのように使い分けているのだろうか。飛行機は風に向かって離陸、着陸する。羽田空港では、北風の場合と南風の場合の2種類の滑走路の使い方がある。

羽田空港では年間の6割程度が北風となる。北風の場合は、第1ターミナルビルと第3ターミナルビルの間にあるA滑走路は、東京湾側からの着陸専用。第2ターミナルビルの前のC滑走路は都心方向への離陸、東京湾側からの着陸。

D滑走路は東京湾に向けた離陸専用、B滑走路は使用されない。

南風の場合は、時間帯により滑走路の使い方が違っている。午後3時から午後7時までの間は、都心上空から羽田空港に進入する飛行経路が用いられ、A滑走路とC滑走路は都心側からの着陸と東京湾に向けた離陸、B滑走路は川崎方向に向けた離陸専用でD滑走路は使用されない。上記の時間帯以外は、A滑走路とC滑走路は東京湾に向けた離陸専用、B滑走路とD滑走路は東京湾側からの着陸専用。

滑走路の使い方は、住宅地の騒音を低減するように、可能な限り東京湾上空を通るような飛行経路を設定するように工夫されている。

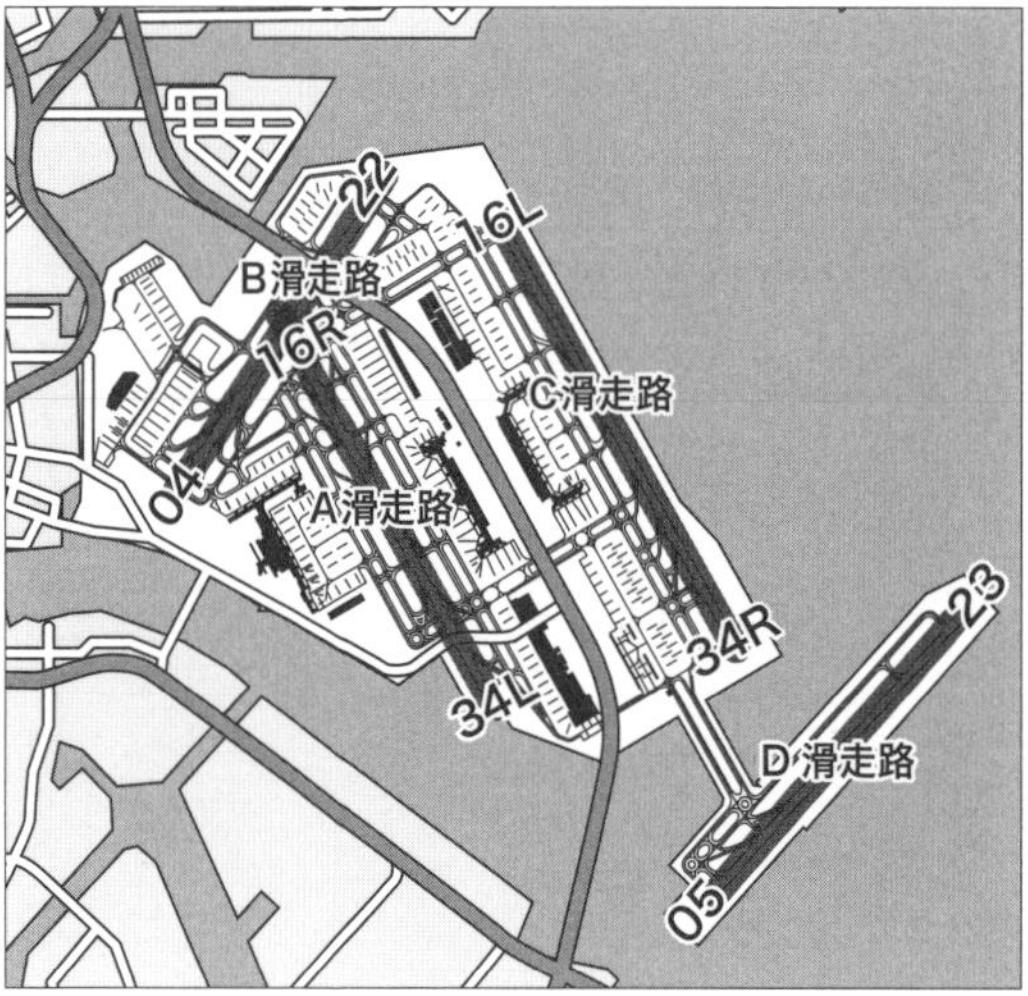

100年先まで使うために D滑走路の建設秘話

D滑走路は、多摩川の流域にかかる部分があるため、世界的にも珍しい桟橋と埋立を組み合わせたハイブリッド方式となっている。滑走路のある人工島の長さは3120mで、埋立部の長さは2020m、桟橋部は1100mである。桟橋部は構造上、航空機の着陸に耐えないため、着陸することはできない。

桟橋部は羽田空港を運用しながら短期間での施工を実現するため、ジャケット式桟橋構造を採用。ジャケットは上部の鋼桁と下部の鋼管トラスで構成される構造で、桟橋部を構成する基本ユニットとなる。標準寸法は長さ63m、幅45m、高さ32m、重量1600トン。滑走路部（連絡誘導路を除く）において、計198基のジャケットを設置した。

埋立部と桟橋部の接合部分は、航空機を安全に離発着できる滑走路とするため、上部に±60㎝の変位に対応できる伸縮装置を設置し、温度変化などによる埋立部と桟橋部の相対変位を吸収させるようになっている。

空港本島とは長さ620mの連絡誘導路橋で結ばれている。連絡誘導路橋は2本の連絡誘導路を有し、空港本島側半分は桟橋形式、D滑走路側半分は小型船舶の航路を確保するために橋梁形式となっている。

D滑走路の北東方向には東京港第一航路があるため、大型船舶のマストの高さを確保することを目的として、D滑走路北東端を桟橋部より4m高い海面から17mとした。このため、埋立部の滑走路は許容される範囲で勾配《こうばい》が付けられている。

当初D滑走路は、B滑走路と平行で計画されたが、南風悪天時のD滑走路への進入経路が、浦安市の上空を通過することから、D滑走路の方位を7・5度東側に振り、さらにILSを2度オフセットすることにより、合計9・5度D滑走路への進入経路を東側に変更した。

このように建設されたD滑走路の最大の特徴は100年の寿命を持つということ。空港という重要な社会基盤を新しい構造形式で建設することから、今後100年間にわたり使用に耐える設計、施工、そして維持管理などの要求を満足するように建設され、維持管理が行われている。

羽田空港の航空施設③ 洗機場、コンパスエプロン

羽田空港には、航空機を駐機させるさまざまなスポットが230以上あり、これらが何種類かのエプロンに配置されている。

一般の旅客の航空機への乗降を行うのがローディングエプロンで、ターミナルビルの前面に広がっていて、ボーディングブリッジで旅客機への乗降を行う。また一部はターミナルビルから離れた場所にあり、旅客はバスによる移動となる。ここでは機内の清掃、燃料の補給、機体の点検・整備など、次のフライトのための準備が行われる。

羽田空港には3つの貨物ターミナルがあり、それらに面して貨物の積み降ろし専用のカーゴエプロンが設置されている。

羽田空港では夜間駐機する航空機が多いため、夜間駐機用のエプロン、ナイトステイエプロンがあり、多数のスポットが用意されている。

その他、航空機の整備のためのメンテナンスエプロン、エンジンの試運転な

新整備場地区にあるランナップエプロンと洗機場。駐機している航空機と建物との間で、左側の部分がランナップエプロン（スポット７カ所）、右側の少し狭い部分が洗機場（スポット２カ所）。

どを行うランナップエプロン、航空機に搭載されている磁石の指針を点検・調整するためのコンパスセッティングエプロンなどがある。

メンテナンスエプロンには、航空機を洗浄するため、２カ所の専用スポットが用意されている。

エンジンの試運転などを行うランナップエプロンは、夜間にエンジンの試運転などを行うため、騒音防止の必要性から住宅地区から遠く離れた東側整備地区にあり、７カ所のスポットが用意されている。

超軟弱地盤である羽田空港エプロンの不同沈下対策

現在の羽田空港は、沖合展開事業により東京都が造成した、浚渫《しゅんせつ》ヘドロや建設残土の投棄処分場だった羽田沖廃棄物埋立地に造成されている。

この埋立て地は、「マヨネーズ層」あるいは「お汁粉層」と呼ばれるほどの超軟弱地盤で、空港造成の前にバーチカルドレーン工法によりヘドロ層の水抜きなどの地盤改良が行われた。このバーチカルドレーン工法とは、地盤中に砂やペーパー状のドレーン材を打ち込み、水分を吸い上げる工法で、今回はさらに地盤に土を盛って重石《おもし》をかけ、水分の排出を促進した。この結果、自然状態では何百年もかかる地盤沈下を半年~1年で終わらせることができた。

このような地盤改良を行っても、使用していくうちに不同沈下の発生が懸念されるため、航空機の出入りが激しいローディングエプロンなどでは、コンクリートに高強度の鉄筋を入れて強度を高めた100m×75m前後の大きさのコンクリート板を、下部のアスファルト舗装の上に敷き詰めるプレストレスコン

工事中のコンクリート板。コンクリートを張る前で、鉄筋が張り詰められていってリフトアップ用の穴が等間隔に施工されている。（写真提供：近藤晃氏）

クリート（ＰＣ）舗装が用いられている。

このＰＣ舗装はリフトアップ式となっていて、不同沈下が発生した場合、コンピューター制御による50台以上の特殊油圧ジャッキで、サッカーグランド並みの大きさのコンクリート板を持ち上げ、下部の地盤との隙間にセメントミルクを注入して、2〜3時間で元の平坦な舗装面を復元することができる。

24時間、旅客機の運航を止めることなくエプロンを短時間で修復できる、このリフトアップ式ＰＣ舗装は、埋立て地に造られた羽田空港ならではの世界に誇れる新技術のひとつである。

羽田空港の航空施設④駐機スポット

現在、羽田空港ではターミナルビルに面した固定スポットでは、駐機位置指示灯(VDGS:Visual Docking Guidance System)が設置されていて、旅客機は地上要員の支援なしで定位置に停止することができる。ただし、ターミナルビルから離れたオープンスポットでは、駐機位置指示灯が設置できないので、今までどおり地上誘導員(マーシャラー)の合図を見ながら旅客機を定位置に停止させなければならない。

その昔、まだジェット旅客機が就航し始めたころの1960年代初めは、ジェットエンジンをふかして自力でスポットから出発していた時代があった。ジェット旅客機は、出発しやすいようにお尻を展望デッキに向けてスポットに駐機。このため出発時、展望デッキにいた見学者はもろにジェットエンジンの排気を浴びることになった。

当時は、発着する旅客機の航空会社、機種などを説明する案内放送があり、

1965年から導入された日本航空のボーイング B727。機体の尾部にエンジンの噴射口が見える。（写真提供：日本空港ビルデング）

ジェット旅客機が出発する時は「ジェットエンジンの排気によって帽子、手回り品を飛ばされないように」という注意があった。

１９６４（昭和39）年に就航したボーイングＢ７２７は、リアジェット形式で、エンジンが機体の尾部に３基付いていた。今までの翼の下にエンジンが付いているジェット旅客機と比べると、エンジンの位置が高くなり、排気がもろに展望デッキの見学者に当たるようになった。このため、ボーイングＢ７２７が発着するときは、一時的にその部分だけ展望デッキが閉鎖された。

Chapter 4

羽田空港の航空施設⑤ 気象観測施設

羽田空港には航空機を安全に運航するために、気象庁の東京航空地方気象台が設置され、さまざまな気象観測を行っている。

空港の気象観測では、風、視程、滑走路視距離、大気現象、雲、気温・露点温度、気圧、降水量、積雪または降雪の深さの10種類の要素を、各種観測機器による観測と目視による観測で行っている。それぞれのデータは航空統合気象観測システム（A－MOS）と呼ばれる自動システムに集約し監視していて、羽田空港だけではなく国内外の空港及び航空関係機関に配信している。

羽田空港に設置されている観測機器は、空港気象観測システム（風向風速計、雲高計、滑走路視距離観測装置、温湿度降水観測装置、気圧計）、空港気象ドップラーレーダー、空港気象ドップラーライダー、そして雷監視システムで、これらにより24時間観測を行っている。

ドップラーレーダーやドップラーライダーは積乱雲などから爆発的に吹き降

旧整備場地区にある空港気象ドップラーレーダー。サッカーボール型のレドームをターミナル地区からも見ることができる。

ろす気流と、これが地面にぶつかって周辺に広がる「ダウンバースト」、及び風向、風速が急激に変化する「シアーライン」を検出する装置で、このような気流の急激な変化は航空機の運航に重大な影響を与えるため、観測情報は速やかにパイロットなどに伝えられる。

羽田空港の航空施設⑥ 航空保安無線施設

空港には航空機を安全に運航するためにさまざまな航空保安無線施設が設置されている。

空港周辺（100km程度）の出発機や到着機を監視・誘導するレーダーとして、空港監視レーダー（ASR：Airport Surveillance Radar）がある。ASRは、一次監視レーダー（PSR：Primary Surveillance Radar）と二次監視レーダー（SSR：Secondary Surveillance Radar）を組み合わせたもので、ターミナルレーダー管制業務に使用される。

羽田空港では2基のASRが設置されている。いずれも新整備場地区で、第1ASRは空港南端の給油施設の西側に、第2ASRは首都高速湾岸線と環状八号線が交差する付近にそれぞれ設置されている。主要な空港である羽田空港では、ASRを2基設置し、常に監視できる体制を整備している。

空港への進入、着陸のためにILS、及びVOR/DME（VHF

Omnidirectional Radio Range：超短波全方向式無線標識施設／Distance Measuring Equipment：距離測定装置）が設置されている。

ＩＬＳとは、航空機を滑走路に安全に着陸させるシステムで、進入中の航空機に対し、電波を発射し滑走路への進入コースを指示する無線着陸援助装置で、パイロットは滑走路が見えなくても、コックピットの表示を見ながら着陸が可能となる。ＩＬＳは、進入方向を示すローカライザー（Localizer：ＬＬＺ）、降下経路（縦位置）を示すグライドパス（Glide Path：ＧＰ）、そして滑走路までの距離を示すマーカービーコン（Marker Beacon：ＭＢ）や空港用距離測定装置（Terminal Distance Measuring Equipment：Ｔ－ＤＭＥ）からなる。

羽田空港のＩＬＳの運用精度を示すカテゴリーは、Ｃ滑走路に南側から進入する場合が最も精度の高いＣＡＴ－Ⅲで、他はＣＡＴ－Ⅰとなっている。ただし、Ｂ滑走路及びＤ滑走路の南西側からの進入については、このような着陸がないのでＩＬＳは設置されていない。

ＶＯＲ／ＤＭＥは飛行中の航空機に方位と距離情報を提供する装置で、航空機はこれらの情報をもとに飛行位置を確認しながら飛行を行う。羽田空港では、ＩＬＳなどの進入方式が使えない航空機のために設置されている。

空港面の航空機や車両の位置を把握するために、空港面探知レーダー（ＡＳＤＥ：Airport Surface Detection Equipment）が設置されている。羽田空港では、旧管制塔屋上にＡＳＤＥが設置されているが、Ｄ滑走路新設によりこのＡＳＤＥでは空港全体をカバーできないため、空港南端に２つめのＡＳＤＥが設置され、デュアルＡＳＤＥとなっている。さらにＡＳＤＥでは、建物の陰などの影響でレーダーに写らない場所が発生するため、マルチラテレーション（ＭＬＡＴ：Multilateration）システムを導入し、常時航空機を監視している。

マルチラテレーションシステムとは、旅客機のトランスポンダから送信される信号を空港に設置された３カ所以上の受信局で受信して、旅客機などの位置を測定する監視システムで、夜間・悪天候時など、管制塔からの視界が悪い状況でも旅客機の位置を正確に把握することができる。

空港南端の給油施設の西側にある第1ASR（右）と第2ASDE（左）。

離着陸や地上誘導の通信に使用するUHF/VHF帯無線電話用アンテナ。

VOR/DME（超短波全方向式無線標識）地上施設。

第2ASR（右）とUHF/VHF帯無線電話用アンテナ（左）。

羽田空港の航空施設⑦航空灯火

航空灯火は「灯光」により航空機の航行を援助するための施設で、航空灯台、飛行場灯火及び航空障害灯に分類されている。この中で空港に設置される飛行場灯火としては進入灯火、滑走路灯火、誘導路灯火などがある。これらは航空機の発着に不可欠の施設で、離着陸及び地上走行において連続的に視覚情報を昼夜の別なくパイロットに提供している。

進入灯火としては、滑走路の中心線と進入方向を示す標準式進入灯（ＰＡＬＳ：Precision Approach Lighting System）及び適正な進入降下角度を示す進入角表示灯（ＰＡＰＩ：Precision Approach Lighting System）が設置されている。これらの航空灯火はそれぞれの滑走路に、滑走路の運用形態に基づき必要な灯火が設置されている。

滑走路灯火とは滑走路の輪郭（幅、長さ、中心）を表示する灯火で、高輝度式滑走路灯（ＲＥＤＬ：Runway Edge Lights）、末端灯（ＲＴＨＬ：

主な航空灯火

航空灯火	役割	航空灯火の色
飛行場灯台	空港港の位置を示すための灯火	航空白・緑（閃交光）、航空白（閃光）、航空白・黄（閃交光）
標準式進入灯	滑走路への最終進入経路を示すための灯火	航空可変白、CAT II／III航空赤（不動光）、航空白（閃光）
旋回灯	着陸時の正しい進入角度を示すための灯火	航空白もしくは航空可変白＋航空赤
進入灯台	滞空旋回中の航空機に滑走路の位置を示すための灯火	航空白、航空可変白又は航空黄
進入路指示灯	最終進入区域内を示すための灯火	航空白（閃光）
滑走路灯	滑走路を示すための灯火	航空可変白＋航空黄＋航空赤
滑走路中心線灯	滑走路の中心線を示すための灯火	航空可変白＋航空赤
誘導路灯	誘導路及びエプロンの縁を示すための灯火	航空青

Runway Threshold Lights)、中心線灯（ＲＣＬＬ：Runway Center Line Lights)、接地帯灯（ＲＴＺＬ：Runway Touchdown Zone Lights）などで構成され、離着陸のための基本的な灯火である。

誘導路灯火とは誘導路の輪郭を表示する灯火で、誘導路灯（ＴＷＹＬ：Taxiway Edge Lights)、誘導路中心線灯（ＴＷＣＬ：Taxiway Center Line Lights)、誘導案内灯（ＴＸＧＳ：Taxiing Guidance Sign）で構成されている。また一部の誘導路には、地上走行する旅客機が低視程時に滑走路への誤進入防止のために一時停止すべき位置を示す停止線灯システム（ＳＴＢＬ：Stop Bar Light Control System）が導入されている。

水鳥が多数飛来する羽田でのバードストライク対策

東京湾に面した羽田空港の周辺は、水鳥のえさ場であり生活の場となっていて、水鳥が多く生息している。水鳥は鳥類の中でも大型のため、飛行機が離着陸するときに衝突（バードストライク）すると、飛行機が大きく損傷する場合がある。特にエンジンに吸い込まれると、エンジンが破損して大事故につながる可能性もある。

バードストライクは2020年には全国で968件発生していて、羽田空港では、そのうちの約1割、94件発生している。そのため、羽田では専門の要員を常駐させ、年間を通じてバードパトロール専用車が空港敷地内をくまなく24時間体制でパトロールをしている。パトロール中の目視確認によって、鳥を発見した場合は、散弾銃（実砲、空砲）、鳥類駆逐用煙火、ディストレスコール・スピーカー（鳥が天敵に捕まったときに発する悲鳴）などの機器を組み合わせて、鳥の追い払いなどの防除作業を行っている。

散弾銃による鳥の追い払い。(写真提供:近藤晃氏)

バードストライクの約半分は、離陸滑走中、または着陸滑走中に発生し、発生箇所は機首部が最も多く、次いで翼、エンジンとなっている。

今のジェットエンジンは開発段階で、鳥をエンジンに打ち込み、その後も基準を上回る推力が保たれることが求められている。また、機首部の風防はバードストライク対策もあり、多層構造になっている。

実際にバードストライクに遭遇しても、離陸中止あるいは引き返しや目的地の変更は2020年に12件(約1・2%)で、ほとんどの場合、無事目的地に到着している。

羽田空港の航空施設⑧ハイドラントシステム

2022（令和4）年に開通した羽田と川崎を結ぶ「多摩川スカイブリッジ」から30mほど上流に、現在は「羽田空港船着場」という名の「桟橋《さんばし》」がある。

実はこの「桟橋」は、かつては航空機への給油を担《にな》う「ハイドラントシステム」の一部だったのである。

たとえば、ボーイングB747が東京―ロンドン間を飛行するのに必要な航空燃料は約120トンといわれており、代替空港などへの予備も含めると、ドラム缶で約1000本分の燃料を積み込む必要があるが、これをタンクローリー車で旅客機へ給油しようとすると、時間もかかるし、ただでさえ混み合っている空港が車両であふれてしまう。

そこで膨大な量の航空燃料を製油所からタンカーで運び込み、桟橋で受入をし、貯油タンクで貯蔵したあと、配管を通じて駐機場へ送られ、旅客機の真下まで圧送する「ハイドラントシステム」が考案された。

圧送された燃料は、「サービサー」と呼ばれる中継給油車を通って、旅客機の燃料タンクへと送られることになる。

羽田では、総延長約40㎞にも及ぶ配管が、敷地内の道路や滑走路に支障をきたさないよう、ほとんどが地下に埋設されている。

「ハイドラント」とは「消火栓」のことであるが、二代目ターミナルビル建設にあわせ、1955（昭和30）年にリコーの創業者である市村清が、羽田において日本初の「ハイドラントシステム」を実現したのである。しかも、この当時はまだガソリンを燃料とするレシプロ機全盛であるが、数年後には灯油の一種であるケロシンを燃料とするジェット機の登場が間近であったため、配管はガソリン用とケロシン用の2つをあらかじめ埋設する必要があった。

また、多摩川は土砂の堆積が早く、「桟橋」付近も喫水が浅い小型のタンカーが日に何度も空港と製油所とを往復していたのである。

Chapter 4

羽田空港内を走る働くクルマとナンバーの話

空港内には、さまざまな種類の車両が走っている。

これらは、地上支援機材（ＧＳＥ）と呼ばれ、公道ではお目にかかれない空港内限定の特殊車両で、用途に特化して使い分けられている。

航空貨物は大きく別けて２つあり、一つが「ＵＬＤ」という航空機専用コンテナに積み込む品と、「バルク」と呼ばれる乗客手荷物などバラ積み品のふたとおりがある。

ＵＬＤはカーゴローダーによって旅客機の貨物室に搭降載され、連結式台車のコンテナドーリーに乗せられる。ドーリーにはローラー付きの回転台があり、女性の力でもＵＬＤの方向を変えることができるようになっている。貨物列車ならぬ何連もの長いドーリーを牽引するトーイングトラクターの姿は、空港景色のひとつだろう。

１９７０（昭和45）年、パンナムや日本航空がボーイングＢ７４７ジャンボ

ジェットを投入する際、羽田でも搭乗口（ゲート）から機内に直接乗れるボーディング・ブリッジを導入したことを契機に、今では旅客機の間を縫《ぬ》うように走るランプバスや、タラップを一段一段と昇るにつれワクワク感が高まるパッセンジャーステップカーも見かけることも少なくなったが、実はターミナルから離れた「沖止め」機のために健在なのである。

ジャンボから始まった機体の大型化に伴い、GSEも荷台部分を旅客機のドアの高さまでリフトさせる必要が出てきた。

前述のカーゴローダーや機内食を運び込むフードローダーなどは、荷台をリフトさせる機構があることから、ハイリフトトラックと呼ばれることもある。

逆に、飲料水を供給する給水車や汚水を回収するラバトリーカーは機体の下で作業するため、車高が低く設計されている。

他にも、燃料給油車のサービサーや、機体をプッシュバックするトーイングカー、降雪の際にゴンドラから防氷剤を散布するデアイシングカーなどGSEにはさまざまな種類がある。

また、公道を走らないGSEたちには、自動車登録番号票（ナンバープレー

「沖止め」旅客機にパッセンジャーステップカーにより搭乗する乗客

航空機専用コンテナを機内に搭載するカーゴローダー

体の不自由な乗客が車いすやストレッチャーのまま航空機に搭乗するための自走式乗客搭乗リフト

トーイングトラクターとコンテナドーリー

ト）がないが、空港内を走行するために場内プレートを付けなければならない。羽田空港はオレンジのプレートで、所属空港の４レターコードであるＲＪＴＴと所属社名、それに一連のナンバーが表記されている。中には、オレンジとブルーと公道用の３枚のプレートを付けている車両もあるが、これは羽田空港と成田空港の両方に所属しているからである。

トーイングカーによりプッシュバックで出発する旅客機

機内食を運び込むフードローダー

雪に備えて待機するデアイシングカー

車高が低く設計されているラバトリーカー

エプロンを清掃する航空局の車

燃料を給油するサービサー

Chapter 4

羽田空港の航空施設⑨ 3つの貨物ターミナル

航空貨物輸送は迅速・安全というメリットを活かし、年々増加していて、わが国の重要な輸送手段として定着してきている。航空貨物として輸送しているのは、高付加価値、緊急性を有するものなどで、たとえば生鮮食品、医薬品、精密機器あるいは動物や美術品、救援物資など多岐にわたっている。コロナワクチンの輸送に航空機が大活躍したことは記憶に新しい。また、東京五輪では、馬術競技用の馬、約３００頭がベルギーと羽田空港の間、往復16便のチャーター便で空輸された。

羽田空港は24時間空港で、国際輸送と国内輸送をスムーズに連結するハブ空港としての役割を担っている。３つあるターミナルにそれぞれ貨物ターミナルがある。第1ターミナルの北側には西国内貨物ターミナル、第２ターミナルの北側には東国内貨物ターミナル、そして第３ターミナルの南側には国際貨物ターミナルがある。

羽田空港の航空貨物取扱量は、2019年の統計で国際航空貨物が年間で56万3000トン、国内航空貨物が61万トンで、国内航空貨物取扱量は当然ながら第1位で、国際航空貨物取扱量は成田空港、関西空港に次いで第3位である。なお、成田空港の輸出額と輸入額を合わせた貿易額は、全国の貿易港の中で日本一となっている。

ヤマト運輸は羽田空港に隣接して、日本最大級の物流ターミナル、クロノゲートを建設した。ここは東京港及び「東京貨物ターミナル駅」から近いという立地を生かし、陸海空の一体輸送の拠点となっている。

このように航空貨物輸送は、わが国の基幹的な輸送手段として定着していて、ますます重要性が増している。

第1、第2ターミナルビル北側にある東及び西国内貨物ターミナル

羽田空港の航空施設⑩ 航空会社の整備施設――格納庫

羽田空港は、日本の航空会社の航空機の整備の拠点でもある。羽田空港ターミナル地区の南側は「新整備場」とも呼ばれ、航空会社の大きな格納庫（整備工場）を始め、さまざまな整備施設が建てられている。1番大きく目立つのが格納庫で、日本航空の2棟、スカイマークの1棟、全日空の2棟、合計5棟が西側のエプロンに面して建っている。

航空機の整備は、大きく「運航整備」と「点検・重整備」の2つに分けられ、航空機を徹底的に分解して行う「点検・重整備」が格納庫で行われる。「点検・重整備」は、決められた飛行回数・飛行時間及び日数で定期的に実施されている。

ジェットエンジンの整備については、日本航空では成田空港までジェットエンジンを陸送して、成田空港の成田第1ハンガー・エンジンメンテナンスセンターで行われている。全日空は羽田空港の新整備場地区にあるＡＮＡエンジン

新整備場地区にある格納庫。左から日本航空の２棟、スカイマーク、そして全日空の２棟。

メンテナンスビルで行われている。組み立てたエンジンは、全日空の格納庫の近くにあるエンジンテストセルで実際に運転し、最終確認を行っている。このエンジンテストセルは、現在開発中の推力45トン級エンジンの試運転に対応した航空会社では世界初の施設である。

日本航空と全日空の整備工場は見学が可能で、実際に整備している航空機を間近に見ることができる。両者の整備工場見学は実際に整備している航空機の見学だけではなく、展示ホールやグッズ販売もあり大人気だ。

羽田空港の航空施設⑪
新聞社、海上保安庁の整備施設――格納庫

羽田空港には海上保安庁第三管区海上保安本部の羽田航空基地がある。その中には、全国で発生する転覆船内などからの人命救助などのような特殊海難に対応する特殊救難隊が所属する羽田特殊救難基地も置かれている。

第三管区海上保安本部は、関東地方と山梨県、静岡県の陸域及びその沖合水域の安全確保を担当する。海上保安庁の活動海域は、領海、接続水域、排他的経済水域（ＥＥＺ）、そして日米間の海上における捜索、及び救助に関する協定に基づく捜索救助区域（本土より南東１２００海里程度）で、第三管区海上保安本部では小笠原諸島、南鳥島、沖ノ鳥島までが含まれ、広大な海域となっている。

さらに羽田空港には、朝日新聞社、産経新聞社、毎日新聞社、そして読売新聞社の報道取材用の航空機の格納庫がある。

新聞社は戦前の民間航空黎明期から飛行機の高速性に注目し、取材活動など

に飛行機を活用するなどして民間航空の発展に寄与してきた。1922（大正11）年には、朝日新聞社は後に航空部となる、航空事業を目的とした計画部を設置した。さらに、1924（大正13）年には、毎日新聞社が庶務部航空課を設置、読売新聞社は1932（昭和7）年に航空課を設置している。

1937（昭和12）年に東京―ロンドン間の飛行で国際記録を樹立した「神風」号は、朝日新聞がロンドンで行われるジョージ6世の戴冠式の記録を日本に持ち帰るために飛ばしたものだった。また、この「神風」号に刺激され、毎日新聞社は1939（昭和14）年に、「ニッポン」号により世界一周飛行を行った。いずれの飛行も国産の航空機とエンジンによるもので、日本の飛行機の優秀性を世界に知らしめた。

かつては、日本中の空港などに設置された航空保安施設の検査を行う国土交通省航空局の飛行検査機もいたが、2015（平成27）年に中部国際空港に移転した。

Chapter 4

羽田空港の航空施設⑫
消防施設

羽田空港内には、航空機事故など緊急事態が発生した場合に、迅速かつ的確な消火救難活動ができるように国土交通省東京航空局の消防施設が2カ所設置されている。空港の南側のD滑走路の連絡誘導路橋のたもと付近に東消防庁舎が、第1ターミナルの北側にある西側貨物地区の最北端に西消防庁舎が配置されている。それぞれの消防庁舎には空港用化学消防車、空港救急医療作業車、給水車、指令車などの緊急車両が配備されている。

空港用化学消防車は、空港で使うため特別な仕様となっている。国際民間航空機関（ICAO）の基準により、火災発生現場に消防車両は3分以内に到着することが求められている。また、空港内には消火栓がないので、自ら水を運ばないといけない。そのため消防車両は大型となり、現場に早く着くために高速性も要求され、高出力のエンジンが搭載されている。

空港救急医療作業車は、トラクターと発電機を搭載したトレーラーから構成される。救急医療作業車には約70品目の救急医療用資材・機材が装備されている。電源車であるトレーラーには大型の膨張式テント3張りが収納されている。

また、羽田空港で航空燃料貯蔵施設を運営する三愛オブリ株式会社も独自に自衛消防隊を設けている。

羽田空港には東京航空局の消防施設など以外にも、東京消防庁の空港分署、およびターミナル分駐所が設置されている。天空橋の近くにある空港分署には、航空機事故に備え、大型化学車、泡原液搬送車、特別救助隊が配置されている。また、第1ターミナル1階南側にはターミナル分駐所があり、救急隊が配置されている。

東消防庁舎

空港用化学消防車

Chapter 4

羽田空港の航空施設⑬
東京税関麻薬探知犬訓練センター羽田犬舎

人間の数千〜数万倍ともいわれる犬の嗅覚、これを活かしたのが麻薬探知犬である。

麻薬探知犬は、増大する麻薬類の密輸入を防止するため、日本では1979（昭和54）年6月に米国税関の協力を得て麻薬探知犬2頭を導入したのが始まりで、現在では全国で130頭が活動している。

人々のために働く犬の代名詞「K―9（canine）」とも呼ばれる麻薬探知犬は、入国旅客の携帯品や外国郵便物などの輸入検査などに活用されており、大量の覚醒剤、大麻などの不正薬物の摘発に貢献している。

全国に配備されるK―9たちは、成田空港に程近い「東京税関麻薬探知犬訓練センター」で一括育成訓練しているが、まず探知犬として資質のありそうな候補犬を数多く探し出すことから始まるのである。

犬も人間と同様に、同じ犬種であったとしても、性格や体力に個体差があり、モノに対して好奇心が強い、人見知りしない、元気があるなどといった麻薬探知犬の適性を見極める必要がある。そして4カ月の厳しい訓練のあと、認定試験に合格したものだけがK－9となれるのである。

羽田空港では、2010（平成22）年の再国際線化によって国際線定期便数が増加したため、K－9も成田からの「出張」扱いを羽田常駐となった。

そして2022（令和4）年、新たに羽田の第3ターミナル近くに「東京税関麻薬探知犬訓練センター羽田犬舎」が完成した。

ここでは、どのような訓練になるのであろうか楽しみである。

さらに、羽田では畜産物などの動物検疫や果物などの植物防疫の対象品を探知する動植物検疫探知犬を、2012（平成24）年に導入した。

動植物探知犬も全国23カ所の国際空港・海港、国際郵便物を扱う郵便局において、140頭が探知活動をしているという。

羽田空港の航空施設⑭
貴賓室

天皇陛下をはじめ、皇族方や内閣総理大臣が政府専用機を使用する場合、またはは外国の元首など賓客が特別機で訪日する際の、ほとんどが羽田空港を使用している。そのため、羽田空港には要人を接遇するための貴賓室が独立した建物として設けられている。現在の羽田空港の貴賓室は、第2ターミナルビルの北側にある東側貨物地区のさらに北側にあり、2020（令和2）年10月に現在の場所に移転した。それまでは東側貨物地区の南側、第2ターミナルビルとの間にあったが、貴賓室周辺での航空機や支援車両などの地上交通量の増加に伴い、現在の場所に移転した。貴賓室の前には、特別機用のスポットが2カ所（VN、VS）用意されていて、貴賓室の前から直接特別機に乗ることができる。

二代目ターミナルの時代は、現在のような立派な貴賓室はなかったが、1965（昭和40）年ごろ、17番スポット付近に簡易な「東京国際空港ランプ内貴

東側貨物地区の北側にある現在の貴賓室

賓室」が設置されている。この建物には国旗などを掲揚するポールが設けられている。この貴賓室ができる前は、天皇陛下や内閣総理大臣などが国賓を出迎える時、到着するスポットの搭乗口付近で待機していた。一般の航空旅客が通る通路に陛下や総理大臣などが並んで立って待っていたようである。さすがにこれらの要人が空調設備のない通路で立ったまま待つというのは具合が悪いので、このような貴賓室が設けられたものと思われる。その後、1971（昭和46）年ごろに、要人の出発、到着の儀式が21番スポットで行われるようになり、貴賓室は21番スポット付近に移動した。

羽田空港の航空施設⑮ビジネスジェット専用ゲート

羽田空港では近年、大型のジェット旅客機に混ざって小型のビジネスジェットの発着が増加している。このようなビジネスジェットの増加に対応するため、2021（令和3）年7月に羽田空港にビジネスジェット専用ゲートが開設された。このビジネスジェット専用ゲートは、第3ターミナルの北サテライト西側に設置され、24時間運用で保安検査場、CIQ施設、入国検疫検査待機スペース、専用待合室、出発・到着車寄せが設けられている。ビジネスジェットの駐機場としては北サテライト最西端のボーディングブリッジのある149番スポット、またはオープンスポットの151番が割り当てられる。

それまでのビジネスジェット専用搭乗施設は、2014（平成26）年に開業した第3ターミナルビルに隣接するロイヤルパークホテル ザ 羽田の1階にあった。

2022（令和4）年の羽田空港におけるビジネスジェットの発着回数は3

228回で、そのうちの約半分1680回が海外からとなっている。

羽田空港のビジネスジェットは、定期便とは異なる発着枠、公用機等枠で運航されている。2016（平成28）年4月にビジネスジェットの発着制限が緩和され、発着枠が1日8回から16回に倍増、1日最大4回の到着上限を15回と約4倍に増やした。さらに、発着枠内の調整で他の航空機と申請が競合した場合、ビジネスジェットの優先順位を引上げた。ビジネスジェットが利用できる発着枠は時間ごとに1～3回の制限があるが、定期便の発着枠に空きがある場合には、ビジネスジェットの総枠の範囲内で時間ごとの制限を超えた発着を可能とするなど、利用促進に向けた取り組みが行われている。

ビジネスジェット専用ゲート

Chapter 4

空港で働く人たち①航空会社

羽田空港にはたくさんの人が働いているが、ここでは旅客が空港に着いてから離陸するまでに関わる航空会社のスタッフを紹介したい。

わたしたちが旅客として最初に接するのは、航空会社のチェックインカウンターや手荷物受託カウンターのグランドスタッフだ。次はゲートエリアに入るための保安検査場での警備員。日本では、乗客の身体や手荷物の検査を行う保安検査は、航空会社が実施主体となっている。

預けた手荷物は、ベルトコンベアでエプロン側まで搬送され、そこでドーリーに乗せて、トーイングトラクターにより旅客機まで運ばれ、床下に搭載され、同時に航空貨物の搭載も行っていて、たくさんのスタッフが仕事をしている。

ゲートでは、グランドスタッフが搭乗案内を行う。旅客機への搭乗がターミナルから離れたオープンスポット（沖止め）の場合、バスによる移動となる。

旅客機はゲートからトーイングカーによりプッシュバックされて出発する。

この時、トーイングカーの運転手以外にも何人かのグランドハンドリングスタッフが周りの安全を確認している。

旅客者には見えないが、航空会社で旅客機の運航で重要な役割を果たしているのが運航管理者（ディスパッチャー）に代表されるオペレーション業務のスタッフだ。ディスパッチャーが安全で効率のよい飛行コースや高度などを決定して、飛行計画を作成している。また、各便の運航状況をモニターする飛行監視業務も行っている。

この他、機内セットアップ担当がおり、旅客機が到着して出発するまでの間、客室内の清掃や点検、そして旅客機の周りでは、たくさんの車両が接続され、機内食の積み込み、給油、給水、汚水処理が行われる。

Chapter 4

空港で働く人たち②
航空管制

航空管制など航空機の安全運航を支援する人々を紹介する。

羽田空港の管制塔の最上階にある飛行場管制室では、空港内と周辺10㎞の範囲を飛ぶ航空機を管制官が目視によって確認しながら、航空機のゲートの出発から離陸までを管制している。羽田空港のような大きな空港では、これらの管制は、出発承認を与える「管制承認」と、ゲートを出発してから滑走路までの地上滑走を担当する「地上管制官」と離着陸を担当する「飛行場管制官」に分かれている。さらにこれらが東西南北に分かれて4席あり、滑走路の運用形態に応じて組み合わせて管制が行われ、1チーム14～15人で編成されていて、3交代制で勤務している。

羽田空港を離陸したあと、あるいは羽田空港に進入する航空機は、おおむね100㎞の範囲を担当しているターミナルレーダー管制の指示により飛行する。2010（平成22）年の新管制塔の完成と同時に、羽田空港と成田空港とのタ

羽田空港の新旧管制塔。

ーミナルレーダー管制が一体運用となり、効率的な管制業務が行われるようになっている。レーダー管制室は、管制塔ではなく東京航空局東京空港事務所庁舎内にある。

これらの管制とは別に、羽田空港には東京ＦＡＩＢ（運航拠点：Flight and Airport Information BASE）が置かれている。運航拠点とは、航空機の運航の管理、飛行に必要な情報の提供、そして飛行場の管理など航空機の安全な運航と空港の円滑な運用をサポートする運航援助情報業務の実施拠点で、羽田空港と関西空港に置かれ、東京ＦＡＩＢは東日本（新潟県、長野県、静岡県から東）を担当している。

Chapter 4

羽田空港のSID、STAR、FIX（ポイント）の名称

空の交通安全を担う航空管制（ATC）は、「有視界飛行方式（VFR）」と「計器飛行方式（IFR）」という2つの方式で運用されている。

高速で飛び、大型である旅客機の運航についてはIFRが基本となっているが、これはなにもコックピット内の計器に頼るばかりという意味でなく、気象状態に関わらず出発から到着までの全行程を管制官の承認、または指示された高度や飛行経路などに従って飛行する方式といっていいだろう。

しかし、全行程をいちいち指示するのは大変煩雑なため、離陸から巡航、そして着陸までの経路については、あらかじめ一定のルールを決めており、パイロットや管制官はそれに沿って運航しているのである。

その決められた「ルール」は、「チャート」という図で指示されており、これを世界中の航空従事者たちが共有し、そしてアップデートごとに日々差し替えられている。

そうした「チャート」に記されたルール名や、経路の目印となるＦＩＸ（ポイント）名など、意外と遊び心があることはあまり知られていない。

出発には「標準計器出発経路（ＳＩＤ）」と呼ばれる「ルール」が定められているが、以前より羽田の出発には「セキヤド・ディパーチャー」や「イソゴ・ディパーチャー」など目指す無線航法施設や付近の地名をルール名としていたが、近ごろは「ダース・ベイダー」が由来と思われる「ベイダー・ディパーチャー」とか、サッカーで「行け！」の掛け声である「バモス」が由来と思われる「バモス・ディパーチャー」などと名付けられている。また、２０１９年度で廃止されてしまったが、ハチドリを意味する「ハミングバード・ディパーチャー」という、早朝3便だけA滑走路（34Ｌ）から離陸できる風雅なネーミングもあった。

一方、到着は「標準計器到着方式（ＳＴＡＲ）」と呼ばれているが、こちらは昔から命名されている「オオシマ・アライバル」など地味めである。

経路の目印となるＦＩＸは、仮想のポイントなので一定の規則があるとはいえ、割りと自由に命名できるためか、以前から羽田付近では、「ミッキー」や

「トーマス」などキャラクター名が付けられており、現在でも「プルート」や「ダンボ」、「サザン」、「アポロ」、「アビオン」といったネーミングもある。

他にも、福岡空港では「キリン」、「ラガー」、「エビス」、そして「ホークス」というFIXがあることで知られている。調べてみると面白いかもしれない。

Haneda Airport OmoshiroJITEN

Chapter 5 ↖

羽田空港が舞台となった事件と出来事

羽田空港に舞い降りた名機たち コンコルド、A380、US－1

羽田空港は定期旅客便の航空機以外にも、日本の空の玄関として多様な航空機が飛来している。一般的によく知られているのは政府専用機だ。皇室あるいは政府首脳などが海外に行く場合には、航空自衛隊の政府専用機であるボーイングB777により羽田空港を出発する。また、海外の賓客《ひんきゃく》が特別機により来日する場合も、羽田空港に到着する。

2010（平成22）年10月には世界初の総2階建て旅客機、エアバスA380も試験飛行のため羽田空港に飛来した。国際線ターミナル（現第3ターミナル）の開業直前に、空港の施設設備とエアバスA380の適合性を確認するための航空適合テストの一環として飛来。なお、国際線ターミナルの107番及び113番スポットは、ボーディングブリッジが他のゲートより1基多い3基が設置されている。この追加の1基は、エアバスA380の2階用である。エアバスA380は羽田空港に就航していないが、これはエアバスA380が大きすぎて羽田空港を離着陸できないということではない。おもな理由としてはエアバスＡ３８０の後方の乱気流が大きいため、離着陸時に他の航空機との間隔を空けなければならないからである。離着陸回数が減少するため、昼間の時間帯の就航は禁止されているのである。

羽田空港に降りたコンコルド。（写真提供：日本空港ビルデング）

超音速旅客機コンコルドも何回か羽田空港に飛来している。最初は１９７２（昭和47）年６月、試作機がデモフライトで飛来。その後、エールフランスのコンコルドがフランス大統領を乗せて、サミットで２回、そして昭和天皇の大《たい》喪《そう》の礼《れい》と合計３回、羽田空港に飛来している。

変わった例としては、海上自衛隊の水陸両用機である救難飛行艇ＵＳ—１、ＵＳ—２も、離島の急患あるいは海難救助した被災者を乗せて羽田空港に着陸している。

Chapter 5

羽田空港で起きた航空機事故

航空機の歴史とは、事故の歴史といってもいいだろう。

振り返ってみても1917（大正6）年、羽田の日本飛行学校の玉井式3号機が、芝浦海岸上空で突然主翼が折れ、パイロットの玉井清太郎と同乗した記者の両名が墜死している。

1933（昭和8）年には、日本飛行学校出身の女性パイロット朴敬元《ぼくけいげん》が満州訪問のため、サルムソン2A、2型で羽田を離陸するが、天候不良のため現在の熱海市上多賀付近で墜落した。

1938（昭和13年）年、羽田を離陸した日本飛行学校のアンリオ HD.14 EP－2型と日本航空輸送フォッカー・スーパーユニバーサル旅客機が大森区森ケ崎町の上空150mで空中衝突して墜落炎上、地上の家屋や工場に類焼し、パイロット含め85名の犠牲者を出したとされている。

1940（昭和15）年、試験飛行中の三菱MC－20「妙高」号が千葉県姉ヶ崎沖合いに墜落し、航空局検査官、三菱社員、陸軍将校ら搭乗者13人全員死亡した。

戦後、航空機の「ジェット化」による「大型化」、「スピード化」、それに空の旅が「一般化」していく時代であった1966年（昭和41年）は、後《のち》に「魔の年」と呼ばれることになる。

この年2月、さっぽろ雪まつりからの帰京客を乗せた全日空ボーイングB727が羽田沖で墜落、3月にはカナダ太平洋航空のダグラスDC―8が羽田で着陸失敗し大破炎上、その翌日に羽田を離陸した英国海外航空のボーイングB707が静岡県御殿場上空で空中分解、8月は羽田で訓練中の日本航空コンベア880が胴体着陸し爆発炎上、11月は全日空YS―11が松山沖で墜落したのであった。

1982（昭和57）年2月、羽田に着陸進入中の日本航空350便ダグラスDC―8が、機長による意図的操作によりC滑走路手前で墜落。この350便遭難碑は、多摩川のほとりにある「ソラムナード羽田緑地」の一角に遺されている。

福岡空港を離陸した日本航空350便が羽田空港に着陸前の多摩川に墜落。その慰霊碑が環八沿いの「ソラムナード羽田緑地」にひっそりと佇む。

1985（昭和60）年8月12日、羽田を離陸した大阪行き日本航空123便ボーイングB747は群馬県多野郡上野村の山中へ墜落し、乗員乗客520名が亡くなった。

また、2024（令和6）年1月2日、日本航空516便エアバスA350－900と、海上保安庁のデ・ハビランド・カナダDHC－8－Q300がC滑走路上で衝突、5名の海保乗員が亡くなるも、日本航空機の乗客乗員379名は炎上する機体から全員脱出して無事であった。

Chapter 5

日本の空の玄関に降り立つ世界のVIPたち

「日本の空の表玄関」といわれ、海外から数々のVIPや有名人たちがこの羽田に降り立ち、旅立って行ったが、これは東京飛行場開場直後からすでに始まっていたのである。

開場4日目の1931（昭和6）年8月29日、ユンカースA50「ユニオール」軽飛行機を単身操縦し、ベルリンのテンペルホーフ飛行場からシベリア大陸を横断し訪日してきた若きパイロット、マルガ・フォン・エッツドルフ嬢が羽田に着陸したのである。この日は早くから、2000人の羽田の小学校生徒が歓迎のために集まり、場外には一目見ようと8000人以上の日独両国人が詰めかけたといわれている。

戦後日本の進路を決めた「サンフランシスコ講和条約」と「日米安全保障条約」。1951（昭和26）年8月31日、吉田茂首相らは両条約締約のため、羽田からサンフランシスコに向けて出発した。吉田一行が乗ったパンナムのボーイングB377ストラトクルーザー「クリッパー・ロマンス・オブ・ザ・スカイズ」（N90944）を約1000人が見送った。万歳の声がわき上がり、日の丸が振られ、それがさざ波のようだったと伝えられている。その後、日本と世界各国の首脳が羽田を行き来するようになったのである。

皇室の長い歴史の中で天皇として初めて飛行機に乗ったのは、1954（昭和29）年8月23日、「全国巡幸」で訪ねた北海道から羽田に降り立った昭和天皇と香淳《こうじゅん》皇后であったが、これを皮切りに羽田から国内外へ数多くご訪問をされることになる。そして、1989（平成元）年2月24日の「大喪の礼」、1990（平成2）年11月12日の平成の「即位礼正殿の儀」、2019（令和元）年10月22日の令和の「即位礼正殿の儀」と、多くの海外要人機が羽田に飛来するのであった。

羽田空港にはアメリカ大統領を乗せたエアフォースワンが数多く降り立っている。写真は1998年に来日したクリントン大統領。（写真提供：日本空港ビルデング）

Chapter 5

1954年2月1日 マリリン・モンロー新婚旅行で来日

来日したスターたちが、最初に日本に触れるのも羽田空港である。

そして「世界のスター」といえば、マリリン・モンローもその一人だろう。

1954（昭和29年）年1月14日、モンローはかねてより交際していた元ヤンキースのスーパースター、ジョー・ディマジオとサンフランシスコで結婚式を挙げ、2月1日に新婚旅行を兼ねた旅行で日本を訪れる。

パン・アメリカン航空001便ボーイングB377ストラトクルーザー「クリッパー・クイーン・オブ・ザ・スカイズ」（N90946）は、予定より30分遅れて、大勢のファンや報道関係者、それに米軍将兵が待ち受ける羽田に到着した。タラップの周辺は今や遅しと、モンローたちの降機を待ち構える彼らを尻目に、パンナム貨物部に勤務していた青木甲子男《あおききねお》氏は、絶えず携行しているカメラを持ってダブルデッキ構造のストラトクルーザーのベリー（下層部）にあるラウンジ出入口から機内に潜り込み、キャビンまで上がると、なんとそこにモンローとディマジオがいたのである。

青木氏が撮影の許可を求めるとモンローが快諾したので、夢中でシャッターを切ったところ、フラッシュの光が機窓から外に漏れてしまい、それを見たタラップ下で待っていた報道関係者たちは、これはフライングではないかと大ブーイングだったという。機内で撮影した中には、突き指でもしたのかモンローが右手の親指に添え木をしているショットが特に目を惹《ひ》く。

早速現像に出した青木氏は、その素晴らしい出来栄えに驚き、特によい1枚を大きく引き伸ばし、来日時以上に混乱する羽田からモンローたちが離日する際に彼女からサインをもらうことに成功する。

青木氏が撮ったこの写真は、2001年6月にハリウッドで開催されたモンロー生誕75周年記念に展示され、歴史的な1枚となったのである。

マリリン・モンロー（写真提供：帆足孝治氏）

Chapter 5

1966年6月29日ビートルズが羽田にやってきた！

1966（昭和41）年6月29日、「ザ・ビートルズ」を乗せたハンブルク発日本航空412便ダグラスDC―8―53「松島」（JA8008）は、台風4号の影響で経由地アンカレッジから予定より約11時間遅れの午前3時40分、羽田空港のC滑走路に着陸した。今も「世界最高の人気グループ」と呼ばれる4人組の来日を一目見ようと、早くから2000人近いファンが国際線ロビーなどに集まってきたが、警察の厳重な警備と説得により大半が追い返されるのである。

報道写真でも有名な日本航空の法被《はっぴ》姿でタラップを降りたビートルズは、出迎えのピンクのキャデラックに乗り、パトカーと白バイに囲まれ明け方の首都高を疾走、東京ヒルトン・ホテルに到着したのは午前4時過ぎだった。

「暁《あかつき》の来日」と呼ばれたビートルズが搭乗した「松島」が到着したのは、日本航空ライン整備工場近くの「31番」スポットであることがわかっている。現在は、羽田空港第3ターミナルビルのタクシー駐車場付近にあたる。羽田にファンが殺到することを想定し、整備場地区などなるべく送迎デッキから離れた場所が検討された結果、「31番」スポットが選ばれたのである。

また、第2案として412便を米空軍横田基地に一旦着陸させ、車で密かに4人をホテルへと運ぶことも考えられていた。さらに、彼らを横田よりヘリコプターで運び、市ヶ谷の自衛隊ヘリポートを使うことも検討されていたという。第2案の場合、ビートルズを降ろした機は一般乗客とともに横田を離陸し、羽田へと向かう算段であったとされている。

もし、こうした大掛かりな作戦ならば、空港署や東京航空保安事務所（当時）だけの手に負えるはずもなく、当然政府レベルの調整があったことが考えられる。

さて、武道館における3日間の日本公演を成功裏に終えたビートルズは、次のマニラ公演に向かうため、7月3日午前10時43分に香港行き日本航空731便ダグラスDC—8—33「鎌倉」（JA8006）で羽田空港より離日した。

そして、これがビートルズとしての最初で最後の日本公演だった。

「降りるときにハッピ・コートを着ていただけたら、日本のファンはきっと大喜びすると思いますよ」という客室乗務員のひと言が、この一枚に繋がった。（写真提供：日本空港ビルデング）

Column

アメリカ大統領の専用機「エアフォースワン」は常に2機

羽田といえば、国際会議などで海外から要人たちを乗せた特別機が飛来することでもよく知られているが、中でもアメリカ大統領の専用機「エアフォースワン」は人気である。正確には、専用機だけでなく大統領が搭乗する米空軍機が「エアフォースワン」というコールサインを用いることができる。

現在の専用機は、ボーイング B747-200B を改造した VC-25の２機であるが、大統領の海外訪問時は１機が現用機、もう１機が予備機として飛行する。また、核戦争など有事に備え、国家空中作戦センター機 E-4B ナイトウォッチが随伴している

「35番」スポットで松田聖子「青い珊瑚礁」を熱唱

羽田空港は空港としてだけでなく、時として「ステージ」となってきた。

楽曲のランキングによって出演者を決定する日本初の音楽情報番組として1978（昭和53）年1月19日にスタートしたTBS系『ザ・ベストテン』は、80年代を代表する歌謡番組だ。『ザ・ベストテン』の魅力の一つは、さまざまな現場から楽曲を生中継する演出にある。

中でも特筆すべきは、1980（昭和55）年8月14日の第133回放送における羽田空港からの中継だろう。セキュリティが厳しい現在では考えられないことだが、デビュー2枚目シングル曲である『青い珊瑚礁』で、初めて『ザ・ベストテン』8位にランクインした松田聖子の登場では、番組プロデューサーの山田修爾の発案により、松田が札幌から東京への移動中であることを活かし、搭乗機から降りてすぐに、飛行機の前で歌うという演出が試みられたのである。

この日、松田が搭乗した全日空70便ボーイングB747SR（JA813

3）は、奇しくも全日空が悲願だったスーパー・ジャンボ初号機であり、松田の『ザ・ベストテン』初登場を祝うかのような組み合わせだった。

本番当日、仙台上空で70便が定刻より5分ほど早く到着することが判明し、「飛行機のスピードをもっと落とせないか」などと分刻みの番組進行が崩れることを恐れた山田を慌《あわ》てさせるが、「追っかけマン」こと中継アナウンサーの松宮一彦は仕入れた航空ネタでつなぎながら、ジャンボは演出どおり「35番」にスポットインする。ドアが開けられると、「札幌の空気」とともにワンピース姿の松田と女性マネージャーがタラップを駆け下り、用意されたヘッドホンを着けてマイクを持ち、ジャンボをバックに『青い珊瑚礁』を歌い出した。

目の前には彼女をひと目見ようとする多くのグランドスタッフたちに囲まれ、背後にはお盆で満席の一般客が続々とタラップから降り始め、そして何台ものランプバスが到着するという騒然とした中で、新人らしからぬ落ち着いた表情で歌う松田こそ、その後の新たな日本の歌謡シーンを創り上げていくのである。

ちなみに、この「35番」スポットは、現在の羽田空港第3ターミナルビルのバス駐車場付近にあたる。

Chapter 5

「恥ずかしながら…」横井さん、小野田さん帰国

羽田空港は、さまざまな「物語」の場でもある。

戦後20年も過ぎると、世間から「戦争」の記憶が遠く過ぎ去っていたころ、突然南の島より「残留日本兵」の噂が報道されるようになってきた。それまでも各地で残存兵がゲリラ戦を展開しているという記事はチラホラあったが、今や高層ビル群が立ち並び、地上では新幹線や高速道路が走り、空ではジャンボジェットや超音速旅客機が登場した高度経済成長期真っ最中の現代日本と、明治38年正式採用の三八式歩兵銃で戦っている「旧日本兵」とのイメージがどうしても重ならず、遠い昔の物語かＳＦではないかとさえ思われていた。

ところが１９７２（昭和47）年2月2日午後2時15分、グアム島から羽田空港「20番」スポットに到着した日本航空特別機９２８便ダグラスＤＣ－８は、「残留日本兵」こと横《よこ》井《い》庄一《しょういち》元陸軍軍曹をタイムマシンのように28年前の過去から連れて帰ってきたのである。グアム島で最後の一人の「残留日本兵」とな

るまで潜《ひそ》んでいた彼は、「恥ずかしながら帰って参りました」という言葉とともに、浦島太郎のように戦後日本の地を羽田で踏むことになった。

「物語」は、これだけで終わらなかった。1974（昭和49）年3月12日午後4時25分、今度はフィリピン・ルバング島から小野田寛郎《おのだひろお》元陸軍少尉が再び日本航空特別機ダグラスDC―8により、横井氏と同じく羽田空港「20番」スポットで約30年ぶりの帰国を果たす。

彼は陸軍中野学校二俣分校で主としてゲリラ戦教育を受け、残置諜者及び遊撃指揮の任務を与えられフィリピンに派遣される。その際、「玉砕は一切まかりならぬ。3年でも、5年でも頑張れ。必ず迎えに行く。それまで兵隊が1人でも残っている間は、ヤシの実をかじってでもその兵隊を使って頑張ってくれ」と訓示を受けたといわれている。

なお、この日の午後は、羽田発那覇行きの日本航空903便ボーイングB747が鹿児島県沖永良部島上空でハイジャックされる事件や、小野田氏の帰国直前に「エサキダイオード」の発明でノーベル物理学賞を受賞した江崎玲於奈《えさきれおな》博士が羽田に到着するという忙しい一日であった。

Chapter 5

1972年10月28日 パンダのカンカン、ランラン来日

羽田にはスターやVIPだけでなく、世界中から動物たちもやってくる。

東西冷戦下の1960年代後半、同じ共産国家のソビエト連邦（ソ連）と中華人民共和国（中国）との激しい路線対立により、中ソ関係は深刻な危機に陥っていた。これに対しアメリカは共産勢力の分断を狙い、中国はソ連牽制のため米中の急速な接近が図られた結果、1972（昭和47）年2月21日、現職のアメリカ大統領として初めてリチャード・ニクソン大統領が中国を訪問し、毛《もう》沢東《たくとう》主席らと会談する。後の米中国交樹立につながるこの戦略見直しと訪中は、突然の発表で世界を驚かせたため「ニクソン・ショック」と呼ばれた。この時、北京での晩餐会でニクソン夫人が「パンダが好き」と話したことにより、約2カ月後、米スミソニアン国立動物園に中国から2頭のパンダ、雄《おす》の「シンシン」と雌《めす》の「リンリン」がやってきた。いわゆる「パンダ外交」であった。

まったく「寝耳に水」だった日本は、ニクソン訪中から7カ月後の1972

PASS

羽田空港にある農林水産省動物検疫所羽田空港支所では、ＪＲＡ国際交流競走馬の輸出検査（ＪＲＡ東京競馬場）や海外の動物園向け動物の輸出検査（上野動物園）なども実施している。（写真提供：日本空港ビルデング）

（昭和47）年9月29日に田中角栄首相が訪中し、周《しゅう》恩来《おんらい》首相と共同声明に署名し、日中国交正常化を果たす。署名後の会見で2頭のパンダが日本に贈られると発表。来日決定からわずか1カ月後の10月28日午後6時50分、中国の北京動物園から雄の「カンカン（康康）」と雌の「ランラン（蘭蘭）」が日本航空特別機ダグラスDC—8F—55（JA8014）「浅間」で二階堂進内閣官房長官が待つ羽田空港貨物専用スポットに到着した。まさに国賓待遇だったのである。

他にも競走馬や貴重な動物たちも、貨物として日常運ばれている。

ただ、動物やペットは、温度や湿度が管理されている空調機付きの貨物室内に収められているとはいえ、外気温などの影響により客室とは環境が異なる場合もある。また、離着陸時や飛行中は航空機のエンジン音などの騒音や、貨物室内の照明が消えて暗室となるため、ストレスによって健康被害が生じることもあるとされている。動物たちにとって、空の旅はリスクがある旅だといえよう。

Column

東京五輪馬術競技に参加する競技馬輸送大作戦

2021（令和3）年、東京五輪・パラリンピックの馬術競技に出場する、世界トップレベルの約300頭の馬たちと馬具、飼料は、エミレーツスカイカーゴのボーイングB777-Fでベルギーのリエージュからドバイを経由し、約18時間かけて羽田に到着した。輸送は馬にとっても人間にとっても大会前の大きな関門だ。こうした複雑なロジスティックを管理・調整してきたのは、1960年のローマ大会から馬の輸送を担当してきたPeden Bloodstock社。機内には獣医師やケアするスタッフが同乗し、繊細な馬にストレスを与えないよう万全を期したという。

Chapter 6

もっと知りたい羽田空港の秘密

羽田空港は今も昔もショッピングモール

二代目ターミナルビルが開業した１９５５（昭和30）年ごろから、日本では高度経済成長が始まり、生活が豊かになって人々は観光に出かけるようになった。その観光先のひとつ羽田空港も、東京の新名所としてたくさんの観光客で賑《にぎ》わい出した。

ターミナルビルを運営する日本空港ビルデングは、一般にはまだ遠い存在であった航空の普及を図るため、空港ターミナルの機能を損《そこ》なうことなく見学者が楽しめるような施設を設けた。飛行機を間近に見ることのできるフィンガー、航空教室、空や飛行機に関する遊戯施設、展望遊園場、売店、食堂などで大勢の見学者が訪れた。また、夏季には屋上にビアガーデンが設けられ、人気を博した。

このような考え方は、現在のターミナルビルでも引き継がれていて、航空旅客のためのレストランなどの商業施設に加えて、見学者などが楽しめるような

「街」の魅力をターミナルビル内に取り入れている。

第1ターミナルビルには保育園があり、空港近隣や空港職員の利用がメインだが、誰でも利用できる東京都認証保育所となっている。園内から滑走路が目の前に見える素晴らしい環境で、子どもたちもさぞ喜んでいることだろう。

急病やケガに対応するために羽田空港内にはクリニックがある。第1ターミナルビルに東京国際空港診療所、第2及び第3ターミナルビルには東邦大学羽田空港クリニックがある。また、第1ターミナルビルには神奈川歯科大学羽田空港第1ターミナル歯科もある。

東京国際空港診療所は、国土交通省の定めた航空身体検査指定機関として「航空身体検査」が受けることができる。パイロットは、航空機を操縦するために技能証明（ライセンス）に加えて、必要な心身の状態を保持していることを証明する航空身体検査証明書が要求され、このための検査が「航空身体検査」である。

羽田空港には第3ターミナルビルの出発ロビー及び第2ターミナルビル国際線出発ロビーと出国後エリアに、主にイスラム教徒を対象とした祈禱《きとう》室がある。

さらに、羽田イノベーションシティや羽田エアポートガーデンにも祈禱室がある。

第1ターミナルビル1階に羽田空港郵便局があり、ここでは旅客機と管制塔、第1と第2ターミナルビルの間にある羽田スカイアーチを題材としたデザインの「風景印」が用意されている。

そのほかにも、美容室、理容室、足湯カフェ、操縦模擬体験ができるフライトシミュレーター、そして披露宴などができるギャラクシーホールなどの施設が充実している。飛行機に乗るためではなく、買い物やレストランで食事をするために来る人々も多く見受けられる。特に地元の人々にとって、羽田空港は、食事や買い物に行く場所となっている。

このように羽田空港は、今も昔も航空旅客だけではなく、大勢の人々を引きつけるショッピングモールのような存在となっているのだ。

まるでショッピングモール。第1ターミナルマーケットプレイス。

航空身体検査も受けることができる東京国際空港診療所。

外貨両替とクリニックが並ぶ羽田ならではの風景。

1963（昭和38）年開業、現在もターミナル内で営業している中華「彩鳳」。

第2ターミナルにある祈禱室

第1ターミナルにある理容室「エアポートバーバー」

ターミナルビル内にはたくさんのコンビニがある。

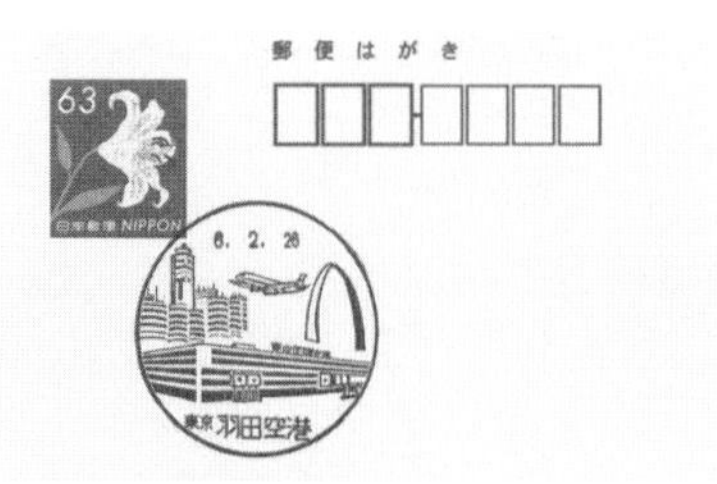

羽田空港郵便局限定風景印

Chapter 6

展望デッキから楽しむポイント①
飛行機の離着陸、整備に注目

羽田空港には、第1ターミナルビルや第2ターミナルビル、そして第3ターミナルビルの各ビルに展望デッキがある。ここでは多くの人たちが各々飛行機の離発着を眺《なが》めたり、いろいろな楽しみ方をしているだろう。

やはり、離陸のシーンが一番興奮するとよく聞くが、確かに巨大なジェット旅客機がフルパワーでテイクオフする瞬間は大迫力である。

しかし、パイロットにとって最も緊張するのが着陸の時だ。

時速250㎞前後で降下してきた機体を、幅60m、長さ3000m程度の滑走路の「あるポイント」に向けて着地させ、そして停止させていくのだから凄技といっていいだろう。

滑走路上には「トウフ」などともいう、ひときわ長く、太い白線が引かれているが、これは「目標点標識」と呼ばれるマーキングで、見ているとパイロットはこの前後で必ずタッチダウンさせていることがわかる。

アプローチ中のパイロットは、この標識を基準に機体の主脚（メイン・ギア）をタッチダウンさせる「エイミング・ポイント」を定め、そこに向かってピタリと着地させているのである。

さて、機体がスポットに到着しエンジンを停止すると、車輪を止めるチョーク（輪止め）が早速入り、機首には地上から外部電源ケーブルが接続されると同時に、多くの作業車とスタッフが集まってくる。いわゆる「グランドハンドリング」の開始である。

一番に機体下部の貨物ドアが開けられ、コンテナやバルクの荷物がハイリフトローダーとベルトローダーで搬出、搬入され、また機内のケータリングの詰め替えのため、フードローダーが機体のエントリードアに装着される。

主翼の下では、燃料給油のためサービサーが作業を開始し、トイレなどの汚水を回収するラバトリーカーや、飲料水を補給する給水車も機体尾部で作業している。乗客が全員降機すると、クリーニングのスタッフたちが機内に乗り込み、ゴミはトラッシュカーが回収していく。

その間、パイロットは機体を一周して外部点検を行っており、異常がなければ、次の乗客の搭乗が始まる。全員の搭乗が確認されると、ボーディングブリッジが離脱する。

前脚に付けられたトーバーとトーイングカーが接続され、車輪を止めているチョークが外されて、機体上部と下部の衝突防止灯が点灯するとプッシュバックの開始である。ここまでの作業時間（ステイタイム）は、国内線で約45分間、国際線で約90分程度とされており、こうした素早く効率的なチームワークを展望デッキから眺めるのも面白いだろう。

Column

雨の日はコーヒーを飲みながら飛行機の離着陸を楽しむ

2018（平成30）年に第1ターミナルビル5階にオープンした「THE HANEDA HOUSE」。ここにはフライトシミュレーターを楽しめる「LUXURY FLIGHT」羽田空港本店やStarbucks Coffeeなどがある。ここではA滑走路と第３ターミナルビルを眺めながら、ゆっくりと過ごすことができる、あまり人には教えたくない「穴場中の穴場」である。第２ターミナルビルでも、天候に関係なく離発着を見ることができる屋内型展望デッキ「FLIGHT DECK TOKYO」や、2023（令和５）年に本格スタートした「国際線出発ロビー」など、見どころ満載だ。

Chapter 6

展望デッキから楽しむポイント②
羽田空港から見える山々

羽田空港の周りは航空法の高さ制限により高い建物がないことから、意外と遠くの景色を見ることができる。最も有名な景色は、第1ターミナル展望デッキの正面に見える富士山だ。富士山の手前には丹沢《たんざわ》の山々がそびえている。

富士山から左の方角（南側）に目を向けると、第3ターミナルの建物が途切れたあたりに箱根の山々が連《つら》なって見える。

富士山から右の方角（北側）には、最近グランドオープンした羽田イノベーションシティ越しに甲府盆地の南側にそびえる三ツ峠山などの御坂山地が見える。さらにその奥には冬ならば雪をかぶった南アルプスの山々を見ることができる。この中には日本で2番目に高い北岳、標高3193mが見える。すなわち、羽田空港からは日本で1番高い山と2番目に高い山を見ることができる。

これらの山までの距離は、富士山までが約100km、北岳が約140km、箱根が約90kmとなっている。

第３ターミナルのバックにそびえる富士山

次に第2ターミナルの展望デッキに行ってみよう。展望デッキで左の方角（北側）を見ると、東京のビル群が途切れたあたりのはるか彼方に、古くから西の富士、東の筑波といわれている筑波山がぽつんとそびえているのが見える。筑波山までの距離は約１００㎞。さらに右の方角（南側）には、房総半島の山々が京葉工業地域の工場群の向こうに延々と連なっているのが見える。これらの山々は約30～40㎞の距離にある。
このように、羽田空港からはお天気がよいと関東平野を取り囲む１００㎞を超える距離にある山々を見ることができる。

Chapter 6

展望デッキから楽しむポイント③
羽田空港から見える建造物

羽田空港の展望デッキからは、西側には京浜工業地帯の工場群、北側は東京の高層ビル群、そして東側には東京湾をはさんで京葉工業地域の工場群が連なっているのが見える。

まず、第1ターミナルの展望デッキから見える景色。A滑走路に向かって左側（南側）には、多摩川河口の川崎側に首都高速の浮島《うきしま》ジャンクションとピラミッド上部をカットした形のアクアライン浮島換気所が見える。この換気所は、元々はピラミッド型だったが、D滑走路新設により上部が切り取られ、今のような形になっている。続いて京浜工業地帯の工場群が、そして正面には国際線貨物ターミナルと第3ターミナルとの間に横浜みなとみらい地区の高層ビルを見ることができる。さらに北側に目を向けると大田区の住宅街の一画に池上本門寺の大堂と国の重要文化財である五重塔が見える。ここからさらに北側には東京の高層ビル群が延々と連なっている。

第2ターミナルの展望デッキからは、向かって左側（北側）の方向を望むと、東京港のコンテナ埠頭のガントリークレーンの先に高層ビルが延々と連なっていて、その間に東京タワーや東京スカイツリーを見ることができる。さらに南に目を転じると、東京ディズニーランドを見ることができる。

特異な形状で目立つのが、東京ゲートブリッジ。大田区城南島から江東区若洲までの約８㎞を結ぶ東京港臨海道路の一部で、全長２６１８ｍのトラス橋。羽田空港に近いため、航空法により橋の高さ制限があること、そして東京東航路を通る大型の船舶が航行可能なような桁下の高さを得るためにこのような形状になった。東京ゲートブリッジは、恐竜が向かい合っているように見えることから「恐竜橋」とも呼ばれる。

さらに右側（南）に目を転じると東京湾をはさんで京葉工業地域の工場群を遠望することができ、東京湾アクアブリッジも見ることができる。

Haneda Airport OmoshiroJITEN

Chapter 7 ↖

空港以外も見どころ満載
羽田空港周辺散歩

Chapter 7

外から羽田空港を見る 京浜島、城南島、川崎市浮島

羽田空港の周りは、旅客機の離着陸を間近に見える場所が何カ所かある。京《けい》浜島《ひんじま》、城南島《じょうなんじま》などの埋立て地、そして多摩川対岸の川崎市浮島。

京浜島には京浜島つばさ公園、城南島には城南島海浜公園、そして川崎市浮島には浮島町公園などの公園があり、旅客機のダイナミックな姿を見ることができる。

羽田空港の北側にある京浜島つばさ公園からは、北風の場合はC滑走路からの離陸機、南風の場合は午後3時から午後7時までの間はA、C滑走路への着陸機とB滑走路からの離陸機、その他の時間帯はB滑走路への着陸機を見ることができる。

京浜島の東側にある城南島の城南島海浜公園からは、北風の場合はC滑走路からの離陸機を、南風の場合、午後3時から午後7時までの間はA、C滑走路への着陸機を、それ以外の時間帯はB滑走路への着陸機を見ることができる。

川崎の浮島町公園からは、北風の場合はA滑走路への着陸機、少し遠くなるがC滑走路への着陸機とD滑走路で離陸を待っている機体を、南風の場合はA滑走路からの離陸機を見ることができる。

このように各公園では、風向き、時間帯によって旅客機の見え方が大きく違うので注意が必要である。

空港島内にも羽田空港跡地第2ゾーンにある多摩川堤防に新設されたソラムナード羽田緑地、そして跡地第1ゾーンにある羽田イノベーションシティ足湯スカイデッキなどでターミナルビル展望デッキとまったく異なる旅客機の姿を見ることができる。

Chapter 7

羽田周辺の飛行機関連の名所散策① 穴守稲荷神社、訓練センター跡地、穴守橋

羽田は日本の「空の玄関」だけあって、空港だけでなくその周辺にも「ヒコーキ」たちがいるので、ブラブラと散歩がてらに探し当てるのも面白いかもしれない。

まずは、「航空稲荷《こうくういなり》」としても有名な穴守稲荷神社《あなもりいなりじんじゃ》で参拝を済ませ、社務所《しゃむしょ》に入らせてもらうと、正面には羽田に乗り入れてる内外航空各社が奉納したスケールモデル機たちがズラリと展示されている。これを眺めてるだけで、ご利《り》益《やく》がありそうだ。

1955（昭和30）年5月17日、穴守稲荷本殿跡に二代目ターミナルビルが竣工し、その屋上に「穴守稲荷空港分社」をお祀《まつ》りしたことにちなみ、毎年この日を「航空稲荷例祭」とし、また毎月17日を「航空稲荷月次祭」、そして「空の旬間」中の9月20日を「航空安全祈願祭」として、航空の安全を願う多くの人々からの崇敬を集めている。これらの日には、航空関係者から奉納され

た幟旗も境内にたなびいているのである。

神社から空港アクセス道路の環状八号線に出ると、右側に高層マンションが見えてくるが、その入口になんと鶴丸をつけたボーイングB747のコックピットが鎮座しているではないか。

もともと、このマンションは日本航空訓練センターの跡地に建っており、コックピットも1980年から2006年まで、実際にパイロットやフライトエンジニアたちの訓練に使われた英・レイディフォン社製のシミュレーターだったのである。液晶ディスプレイが並ぶ現在のグラスコックピットと違って、アナログメーターとスイッチが占めているクラシック・ジャンボ時代のコックピットは圧巻である。

次に、環八を空港方向に歩いてると海老取川に架かる「穴守橋」を渡るので、その親柱を見みてみよう。この親柱、空を駆け上がるジェット機の

かつて日本航空で使用されていたフライトシミュレーター

「穴守橋」の親柱と照明灯

姿をデザインしていることに気がつく。三角翼なので超音速旅客機のイメージであろうか。また、橋の照明柱も後退翼らしきオブジェだ。

さらに欄干のレリーフには、18世紀に人類初の有人飛行に成功したフランスのモンゴルフィエ兄弟の熱気球から始まり、ライト兄弟より先に飛行の原理を発見した二宮《にのみや》忠八《ちゅうはち》の「玉虫型飛行器」や「東京飛行場」で活躍したフォッカーF7b、そしてYS―11、ボーイングB747ジャンボジェットまで、世界と日本の航空史に輝く13の名機たちが飾られている。道路の反対側には、説明の掲示板もあるので読んでみよう。

Chapter 7

羽田周辺の飛行機関連の名所散策②整備場地区

さて、「穴守橋」を渡っていよいよ「空港島」に入ろう。

左に羽田空港の駐機場が見えてきたので、そこをフェンスに沿って歩いていくと、「整備場地区」と呼ばれるゾーンに足を踏み入れることになる。

ここは昭和初期からの「初代ターミナルビル」があったばかりか、エアライン各社の格納庫、オフィスそれに航空保安大学校などが賑やかに並んでいた地区であり、かつての羽田の中心街だったが、1990年代の沖合展開事業によって「新整備場地区」へとそれらが移転すると、「シャッター通り」のように寂れてしまったのである。

ここでは道路にあるマンホールをよく観察してみよう。

飛行機の意匠が施されている珍しいマンホールがあるはずだが、「航空局」という文字がそこに隠されているではないか。

そう、「空港島」は国が保有する土地であり、国土交通省航空局が管理しているのである。

もう一つ、見ておきたいのが「panda Flight Academy」という、プロのパイロットたちが訓練するフライトシミュレーター施設である。

世界各国で採用されている、ボーイングB737とエアバスA320のフライトシミュレーターがここにあり、多くのエアライン・パイロットたちがこの施設で訓練に励んでいる。

整備場地区はコンビニが1軒あるのみで、大変不便なエリアとなっている。

ここで働く人も少なくなったとはいえ、それでもさまざまな会社や官署が今も稼働しており、それなりの需要があるといえよう。

その人たちを今も支えているのが、「ブルーコーナーK―1店」である。

昼時になると、整備場地区のあちこちから来店し、あっという間に満員となるので注意が必要だ。

日替わりランチはもちろん、スパゲッティからかつ丼まで豊富なメニューが、安くてボリュームたっぷりで提供されている。

ここは特に焼きそばが有名だが、チャンポンもお勧めしたい。

冬の寒い日に外で作業をしていた時など、身体を温めてくれるここのランチは救世主である。また、コーヒーやケーキもあれば、アルコールやおつまみもあるので、打合せによし、飲み会によしという、1軒ですべて間に合ってしまうのだ。ただ、残念なことに土日祝はお休みで、これが空港で「働く人たち」の店だからであるといえよう。

「K―1店」の名前は、店舗があるのが空港内の施設管理をしている空港施設株式会社の「K」と、その第一綜合ビルの「1」から由来しているが、「新整備場地区」にも「ブルーコーナーUC店」という店舗がある。こちらは同地区の「ユーティリティーセンター」内に店舗があるからだが、「K―1店」をサラリーマンたちの食堂とすると、こちらはおしゃれなレストラン風だといえよう。

「UC店」の売りは、なんといってもA滑走路とC滑走路と間にある誘導路に窓が面していることだ。昼夜問わず、タキシングしている機体が目の前を通過するのだから、ここは羽田の穴場なのである。こちらも、土日祝はお休みである。

Column

日本婦人航空協会の「空港北門案内所」

東京モノレール「整備場駅」前に、紺色のタイル壁の古びた小さな建物があったことを覚えているであろうか。

これは1970（昭和45）年８月１日に開所した、社団法人日本婦人航空協会（現一般社団法人日本女性航空協会）が運営していた「空港北門案内所」だった。「日本の空」が７年ぶりに戻ってくる1952（昭和27）年、「空を愛する女性たち」が集い、女性がもっとさまざまな分野で活躍する社会づくりの一翼を担いたいとして「日本婦人航空協会」が同年５月24日に設立された。大正時代より、「日本飛行学校」などで数少ないながらも女性パイロットたちを輩出してきたが、航空界における彼女たちの活躍の場は制約されていたのである。

戦後、「婦人の立場から航空文化を昂揚し航空生活を向上すること」という目的で設立した同会は、羽田空港の整備場内に案内所を設け、「エアー・ガイド」を事業の一つとした。「エアー・ガイド」とは航空への知識と理解を深めるため、空港の見学者に対して構内案内や解説をしていたのであるが、戦前「男装の女流パイロット」と呼ばれ、女性で２人目となる二等航空操縦士を取得した木部シゲノ氏が、特に子どもたちに対して熱心に取り組んでいたのである。

また、やはり戦前、女性パイロットだった及位ヤヱ氏らは、軍に徴用された民間パイロットらの遺族に対する補償問題や招待飛行などの事業を行っていた。

しかし、1955（昭和30）年の二代目ターミナル竣工によって空港の中心が変わったことや、1967（昭和42）年のＢ滑走路延長工事に伴う同会事務所の閉鎖など、「エアー・ガイド」も大きく変わらざるを得なくなり、1964（昭和39）年に「整備場駅」前に建てられた警備員詰所を借りて「空港北門案内所」として再スタートさせるが、「その存在意義が次第に薄れていき」（日本女性航空協会『空のワルツ』700号)、2000（平成12）年３月31日ついに閉鎖となった。そして建物も道路整備工事により、2021（令和３年）７月に取り壊されたのである。

なお、この場所が「北門」と呼ばれていたのは、羽田空港への北側出入口であったためである。

Chapter 7

羽田周辺の飛行機関連の名所散策③
天空橋駅、羽田イノベーションシティ

新型コロナウイルス感染症（COVID-19）の世界的流行に伴い1年延期となった「東京五輪」だが、当初の開幕予定であった2020（令和2）年7月、「天空橋駅」にある「羽田イノベーションシティ（HｰCｰity）」で一部の施設が「まちびらき」し、2023（令和5）年にグランドオープンした。

「羽田イノベーションシティ」は、1945（昭和20）年9月21日のGHQによる「48時間以内の強制退去」となった旧羽田三町の跡地を大田区が国から取得し、そこに「先端」と「文化」とで新しいイノベーションを生み出す「まちづくり」をコンセプトとしている。

この「羽田イノベーションシティ」の屋上にある「足湯スカイデッキ」では、2020年に運用が始まった南風時のB滑走路（Runway22）からの離陸を15時～19時まで足湯に入りながら見ることができる。

また、「LUXURY FLIGHT」HｰCｰity店では、フライトシミュレーター

羽田イノベーションシティ　足湯スカイデッキ

を体験でき、F／A―18、F―35、F―16というジェット戦闘機を操縦できる。ちなみに羽田空港周辺でフライトシミュレーターが体験できるのは、羽田空港第1ターミナルビル5階にある「LUXURY FLIGHT」。ここでは、ボーイングB737、ビーチクラフトG58バロン、エアバスA320を楽しむことができる。また、第2ターミナルビルにある羽田エクセルホテル東急では、客室内にボーイングB737のシミュレーターが設置されている。この部屋では操縦体験もできるし、宿泊もできるという、ファンならずとも他では得られない至高の時間を過ごせるだろう。

Chapter 7

羽田周辺の飛行機関連の名所散策④ ソラムナード羽田緑地、多摩川スカイブリッジ

羽田イノベーションシティから多摩川沿いの堤防にあるのが、「ソラムナード羽田緑地」。ここでは飛行機と自然を楽しむエリアとして大田区が整備した。こちらもB滑走路離陸時には大迫力のシーンが見られるばかりか、2024（令和6）年度には散策路がさらに延長され、A滑走路やD滑走路まで望むことができる。

この「ソラムナード」と接続しているのが、2022（令和4）年に開通した川崎と羽田を結ぶ「多摩川スカイブリッジ」だ。最高高度の海抜20mから眺める空港や都心、そして富士山など今まで見たことがない羽田を楽しめる。

この「スカイブリッジ」と「第3ターミナルビル」とを連結する新施設が、「羽田エアポートガーデン」である。こちらもCOVID-19によりグランドオープンが2023（令和5）年に遅れたが、ショッピングセンターやホテル「ヴィラフォンテーヌ」で、グルメに買物、そして宿泊と温泉が堪能できるのである。

ソラムナード羽田緑地

多摩川スカイブリッジ

Chapter 7

羽田周辺の飛行機関連の名所散策⑤
歩き疲れたら、羽田温泉で癒そう

羽田に「温泉」があるといってもピンとこない人も多いのではないか。

しかし、「穴守稲荷神社」の項でもあるように、1894（明治27）年に冷鉱泉が突如湧出し、「要館」「泉館」「羽田館」「西本館」などの温泉旅館が神社の傍で開業することになる（明治36年「穴守稲荷神社縁起」）。

温泉成分は濃厚な潮水だったが、温度が低いために入浴に適するよう沸かす必要があったという。さらに1896（明治29）年にも、一定の医治効用が認められる「御神水《ごしんすい》」という冷鉱泉が湧《わ》いており、羽田は明治期から「温泉」でも有名だったのである。

確かに大田区や品川区には、メタケイ酸や炭酸水素塩類（重曹《じゅうそう》）などを含む「黒湯《くろゆ》」といった、太古の海水を由来とする25度以下の「化石水」の温泉があることで知られており、「羽田温泉」もそうしたものだったのかもしれない。

さて、現代の羽田にも「温泉」がある。ひとつは、前出「羽田イノベーションシティ（ＨＩＣｉｔｙ）」屋上の「足湯スカイデッキ」だ。足湯に浸かりながら、のんびりと飛行機を眺められるのは最高である。

もう一つは、「羽田エアポートガーデン」にオープンしたホテル「ヴィラフォンテーヌ」最上階の「泉天空の湯 羽田空港」。こちらは羽田の地下１５００ｍの自家源泉から沸く「塩化物強塩温泉」の天然温泉なのである。

この温泉は太古の海水由来の食塩を中心とした温泉成分が非常に濃いため、別名「熱の湯」ともいわれており、関東平野でこれほど濃い温泉は珍しい。やや緑がかった美しい琥珀色の湯は、他にメタケイ酸、重曹、そしてヨウ素や鉄が成分であるが、ヨウ素を多く含む温泉は世界を見渡しても限られた地域にしか分布しておらず、この羽田の地下地質はヨウ素の一大生産地である千葉県茂原地域と似た地層で、多量の温泉が地下に存在しているといわれている。

まさに明治の「羽田温泉」が、令和になって出現したのである。

Chapter 7

都心からのアクセスが変わる⁉ 蒲蒲線とJR空港アクセス線が新設

現在、羽田空港への軌道系のアクセスは、JR「浜松町駅」を結ぶ東京モノレール羽田空港線と「京急蒲田駅」を結ぶ京浜急行空港線の2つがある。京急空港線は「京急蒲田駅」から都心方向に都営浅草線、京成線、成田スカイアクセス線と直通運転を行い、成田空港まで乗り換えなしで行くことができる。また、横浜方面にも直通運転を行っている。

京急空港線の1つの課題は、「京急蒲田駅」がJR・東急「蒲田駅」と約800m離れていて、徒歩で10数分かかることである。これを解決するために、現在進められているのが、「新空港線（通称・蒲蒲線）」計画。東急多摩川線の「矢口渡駅」付近から地下に入り、JR・東急「蒲田駅」の地下、「京急蒲田駅」の地下を通って「大鳥居駅」の手前で京急の空港線に乗り入れる計画で、「蒲蒲線」を整備する予定の第3セクターとして、2022（令和4）年に大田区と東急が「羽田エアポートライン」を設立した。現在の計画では、JR・

東急「蒲田駅」と「京急蒲田駅」の未接続の解消を第一に考え、東急多摩川線の「矢口渡駅」付近から「京急蒲田駅」までつなぐ区間を第一期として整備することを計画している。「京急蒲田駅」から「大鳥居駅」までの整備については、東急と京急の線路の幅が異なる（東急：狭軌1063㎜、京急：標準軌1435㎜）ため、さらなる検討が必要になっている。

さらにまったく新しい路線として、JR東日本は2018（平成30）年に羽田空港アクセス線構想の推進を発表した。このアクセス線は渋谷、新宿方面とを結ぶ西山手ルート、新橋、東京方面とを結ぶ東山手ルート、そしてりんかい線方面の臨海部ルートの3ルートで、2023（令和5）年に東山手ルートを着工した。東山手ルートは、「田町駅」付近から休止中の東海道本線貨物支線（大汐線）を活用し、大井埠頭の「東京貨物ターミナル駅」を経由し、ここから羽田空港まで地下トンネルを新たに整備して、第1ターミナルビルと第2ターミナルビルの間の空港構内道路下に「羽田空港新駅（仮称）」を設ける。延長約12・4㎞、「東京駅」から「羽田空港新駅」まで途中駅はなく約18分で結ばれる予定で、2031（令和13）年の開業を予定している。

Haneda Airport OmoshiroJITEN

History ↖

羽田空港年表

羽田空港年表 History

羽田空港の出来事

1917 大正6年
1月4日：玉井清太郎、相羽有共同経営の日本飛行学校が羽田穴守に開校。
10月1日：台風による高潮のため、「三本葭」格納庫は全壊し機体が流出。

1918 大正7年
3月1日：玉井藤一郎（清太郎の弟）が羽田飛行機研究所を設立。

1921 大正10年
12月：玉井藤一郎は、羽田から神奈川県鶴見町に新しく玉井飛行場を開設し移転。

1930 昭和5年
2月：政府は東京都荏原郡羽田町の海岸に飛行場建設を決定し、工事に着手。

1931 昭和6年
5月14日：報知新聞社の「日米」号が、太平洋横断飛行を目ざして羽田の海老取川を離水。
5月29日：法政大学の栗村盛孝（経済学部2年）、付添教官熊川良太郎（朝日新聞社）は、石川島R-3「青年日本」号で、開場前の羽田・東京飛行場を離陸し、シベリア経由で、ローマまで飛行。
8月25日：羽田の東京飛行場が開設、立川から移転。面積53ha、長さ300m幅15mの滑走路。

1937 昭和12年
4月1日：朝日新聞社の亜欧連絡機「神風」号の命名・出発式が行われた。

その他

1937年
4月6日：朝日新聞社の「神風」号が立川陸軍飛行場を出発、10日（日本時間）ロンドンに到着、15357㎞を94時間17分56秒で飛行し、日本初の国際記録を樹立。

1939 昭和14年

5月27日：東大航空研究所の「航研機」、東京飛行場で初飛行。

8月26日〜10月20日：毎日新聞社の「ニッポン」号が東京飛行場を出発、世界1周飛行に成功。56日間総飛行距離52860km、20カ国訪問、飛行時間194時間。

1938年〜39年にかけて最初の拡張工事が行われ、飛行場の隣接地を買収して72・8ha（22・1万坪）に拡張された。長さ800m×幅80mの滑走路2本を十字型に配置。

1941 昭和16年

10月1日：東京飛行場に、霞ヶ浦海軍航空隊東京分遣隊が設置された。

1945 昭和20年

9月12日：GHQ（連合軍総司令部）、日本政府に東京飛行場の引き渡しを申し入れ、翌13日接収した。この日からハネダ・エアベースとなる。

9月21日：アメリカ軍の建設部隊によって拡張工事が始まり、海老取川以東の工場・民家に立ち退きが命じられる。

1946 昭和21年

6月：飛行場は257・4ha（78・7万坪）と3倍半に広がる。A滑走路2100m×45m、B滑走路1650m×45mのアスファルト舗装。GHQは正式に出入国空港と定め、米軍航空輸送部隊が駐屯するようになった。

1947 昭和22年

6月26日：米国のパン・アメリカン航空の世界1周機、ロッキード・コンステレーション寄港。

1938年
5月13日〜15日：航研機は木更津飛行場を離陸し、周回コースで、11651・011kmを62時間22分49秒で飛行し、世界周回記録を樹立。10000kmの平均速度186・197km／hとともに、わが国最初の世界記録を樹立。

1941年
12月8日：太平洋戦争勃発。

1947
昭和22年

7月15日：ノースウェスト航空がダグラスDC－4で羽田乗入れを開始。
9月28日：パン・アメリカン航空がダグラスDC－4で羽田乗入れを開始。

1951
昭和26年

4月27日：スカンジナビア航空がダグラスDC－6で羽田乗入れを開始。
5月29日：タイの太平洋国際航空がダグラスDC－4で羽田乗入れを開始。
8月15日：読売新聞社が台湾の民航空運公司からチャーターしたC－46「よみうり平和」号で、羽田から日本1周飛行を行った。
8月27日～29日：日本航空がフィリピン航空からチャーターしたダグラスDC－3「金星」号で披露・招待飛行を行った。
10月25日：日本航空がノースウェスト航空への委託運航の形で、定期便の運航を開始。1番機はマーチン202「もく星」号、羽田－大阪－福岡間。
12月6日：民航空運公司がダグラスDC－4で羽田乗入れを開始。
12月7日：KLMオランダ航空がロッキード・コンステレーションで羽田乗入れを開始。
12月22日：国内線用ターミナルビルが完成。

1952
昭和27年

4月9日：日本航空の羽田発大阪行の「もく星」号が、伊豆大島の三原山に激突、乗員乗客37名全員死亡。
6月30日：カンタス航空がDC－4で羽田乗入れを開始。
7月1日：ハネダ・エアベースが接収解除されて日本側に返還、東京国際空港と改称。
7月：英国海外航空のジェット旅客機コメット機ロンドン－羽田間を27時間22分で飛行。

1951年
2月：ダグラスDC-6B初飛行。
8月1日：日本航空設立。
8月20日：日本航空、スチュワーデス1期生入社。
9月8日：対日講和条約、日米安保条約が調印された。

1952年
7月：航空法制定。
12月26日：極東航空設立。
12月27日：日本ヘリコプター輸送設立。

10月25日：日本航空がダグラスDC－4、3機で自主運航開始。
11月26日：エールフランスがロッキード・スーパーコンステレーションで羽田乗入れを開始。

1953 昭和28年

4月：英国海外航空がロンドン－羽田間にコメットでジェット定期便を開始。
5月25日：スカンジナビア航空のダグラスDC－6Bが、初の北極まわりでオスロから飛来。実飛行時間33時間55分。
7月16日：日本空港ビルデング設立。
9月20日：戦後第1回航空日、東京国際空港はじめ各地で記念行事が行われた。
10月1日：東京国際空港に戦後初の航空地方気象台開設。
12月15日：日本ヘリコプター輸送、デ・ハビランド・ダブで羽田－大阪間の貨物郵便運航開始、日本人による戦後初の定期便。

1954 昭和29年

1月20日：極東航空、デ・ハビランド・ダブで大阪－羽田間の夜間郵便専用便、運航開始。
2月1日：日本ヘリコプター輸送、デ・ハビランド・ダブで羽田－大阪間の旅客、貨物便、運航開始。
2月2日：日本航空のダグラスDC－6B「City of Tokyo」が、初の国際定期便1番機としてサンフランシスコに向かって出発。
4月27日：日本ヘリコプター輸送、羽田－大阪間夜間郵便飛行開始。

1953年
5月18日：ダグラスDC－7初飛行。
6月：日本航空協会、FAI（国際航空連盟）に加盟。
10月1日：日航法による日本航空が設立され、旧日本航空は解散。
10月8日：ICAO第61番目の加盟国となる。国際民間航空条約（シカゴ条約）、日本で発効。
10月：日本航空、IATA（国際航空運送協会）に加盟。
11月30日：東亜航空設立。

1954年
7月15日：ボーイング707初飛行。
10月1日：宮崎に航空大学校が開校。
10月23日：日本航空、日本人2人、DC－4機長の資格初取得。

1955 昭和30年

2月4日：日本航空、ダグラスDC‐6Bにより羽田－香港線運航開始。
5月9日：エア・インディアがロッキード・スーパーコンステレーションで羽田線を開始。
5月20日：東京国際空港ターミナルビル開館。
6月10日：地下タンクを含むハイドラント給油施設が完成。
9月2日：A滑走路の拡張工事が終わり、長さ2550mとなった。
11月15日：日本ヘリコプター輸送、ダグラスDC‐3で羽田－名古屋－大阪線、運航開始。

1956 昭和31年

3月10日：羽田、松島、伊丹、小松の4飛行場の航空管制業務が、在日米軍から運輸省に返還。
10月4日：日本航空、ダグラスDC‐6Bにより羽田－バンコク線運航開始。

1957 昭和32年

1月：整備地区の木造管制塔からターミナルビル管制塔に移転。
2月26日：スカンジナビア航空が、ダグラスDC‐7Cで北極経由羽田線を開設。
4月1日：日本航空の羽田－サンフランシスコ線に日本人機長、副操縦士、機関士が誕生。
4月5日：スイス航空がダグラスDC‐6Bで運航を開始。

1958 昭和33年

2月12日：日本航空、ダグラスDC‐7C、羽田－サンフランシスコ線に就航。
5月8日：日本航空、ダグラスDC‐6Bにより羽田－シンガポール線運航開始。
7月1日：羽田空港の航空管制権が日本に移管、米軍は立川に移った。

1956年
4月：空港整備法公布。

1957年
5月1日：輸送機設計研究協会発足。YS‐11具体化。
12月1日：日本ヘリコプター輸送と極東航空が合併し、全日本空輸が発足。

1958年
5月30日：ダグラスDC‐8初飛行。

8月12日：全日本空輸のダグラスDC－3が下田沖で遭難し、搭乗の33名全員死亡。
11月3日：KLMオランダ航空がダグラスDC－7Cにより北極経由羽田線を開設。

1959 昭和34年

2月15日：日本航空、オペレイション・センター開設。
4月3日：英国海外航空コメットⅣが南回りのロンドン－羽田線に就航。
5月28日：日本航空、ダグラスDC－7Cにより羽田－ホノルル－ロサンゼルス線運航開始。
6月27日：日本航空、羽田－シアトル線開設。
7月20日：海上保安庁、羽田航空基地開設。
7月30日：日本航空、ダグラスDC－6Bにより羽田－台北線運航開始。
10月10日：全日本空輸のコンベア440、定期便に初就航（羽田－大阪、羽田－札幌、羽田－名古屋）。
10月12日：パン・アメリカン航空のボーイング707による世界1周定期航空が始まる。
12月：空港の面積は260・3haに。滑走路はA：2550m×45m、B：1650m×45mの2本。

1960 昭和35年

3月31日：日本航空はエールフランスとボーイング707による北極経由便を共同運航で開始。
5月1日：タイ国際航空がダグラスDC－6Bで羽田線を開設。
8月1日：全日本空輸、バイカウント744、羽田－札幌線に就航（国内初のターボプロップ機による運航）。

10月：日本航空柳田社長、1959年度IATA会長に選出される。
12月11日：YS－11国産双発中型輸送機の第1次モックアップ完成、関係者に公開。
1959年
6月1日：日本航空機製造設立。
7月1日：航空交通管制、全面的に日本側へ移管。

1960 昭和35年

8月12日：日本航空が、羽田－サンフランシスコ線にダグラスDC－8「富士」号を就航させた。

9月20日：第8回航空日が航空50年を記念して華やかに行われ、18日には東京国際空港で戦後最大の航空ショーが開催された。

11月1日：日本航空のダグラスDC－8、羽田－シアトル線に就航（太平洋線、貨物便を除きジェット化完了）。

11月2日：日本航空のダグラスDC－8、羽田－香港直行便に就航。

1961 昭和36年

1月24日：ルフトハンザドイツ航空がボーイング707で南回りの羽田線運行開始。

2月15日：A滑走路でILS（計器着陸装置）稼働開始。

6月6日：日本航空がダグラスDC－8で北回り欧州線の自主運航を開始。

9月25日：日本航空は、中距離用コンベア880を羽田－札幌線に投入、国内線初のジェット化。

10月1日：日本航空のコンベア880、東南アジア線に就航。

12月16日：A滑走路を3000mに延長。

1962 昭和37年

3月：アラブ連合航空がコメットⅣで羽田線を開設。

3月13日：ガルーダ・インドネシア航空がロッキード・エレクトラで羽田線を開設。

5月21日：アリタリア航空がダグラスDC－8で羽田線を開設。

10月4日：日本航空、コンベア880で南回り欧州線運航開始。

11月8日：東京VOR（超短波全方向式無線標識）完成。

12月18日：羽田空港で、国産のYS－11の完成披露と公開試験飛行を実施。

1962年

8月30日：国産旅客機YS-11初飛行。

11月21日：運輸省航空局が東京第二国際空港の基本構想を発表した。

1963
昭和38年

6月：旧管制塔から新管制塔に移転。
6月12日：騒音防止のためジェット機の離着陸時における居住地区上空への旋回が禁止された。
7月11日：羽田航空神社建立。
7月15日：ターミナルビルの拡張工事が完成、落成式が行われた。
8月17日：藤田航空のヘロンが八丈島で墜落、乗員・乗客19名全員死亡。
10月1日：羽田空港の深夜及び早朝のジェット機発着が禁止された。
10月3日：日本航空、南回り欧州線にダグラスDC-8就航。

1964
昭和39年

2月11日：C滑走路供用開始。3150m×60m。
5月25日：全日本空輸のボーイング727、羽田-札幌線に就航開始。
7月10日：ASR(空港監視レーダー)設置。
7月14日：ILSがA滑走路からC滑走路に移された。
8月14日：日本航空、ダグラスDC-6B「City of Tokyo」で東京オリンピック聖火輸送のアテネ-那覇間特別飛行を行う。
9月15日：国内線到着専用ターミナルビル完成。
9月17日：羽田空港-浜松町間のモノレールの営業が開始。

1965
昭和40年

3月：SSR(二次レーダー)設置。
4月1日：日本国内航空のYS-11、羽田—徳島—高知線に就航(国産機の定期便初就航)。
4月10日：全日本空輸、ボーイング727、羽田-大阪線に就航。

1963年
2月9日：ボーイング727初飛行。
11月1日：全日本空輸、藤田航空を吸収合併。

1964年
4月15日：日東、富士、北日本の3社合併で日本国内航空設立。
9月9日：全日本空輸、YS-11でオリンピック聖火リレー実施(沖縄→鹿児島→宮崎→千歳)。
10月10日：第18回オリンピック東京大会開催。

1965年
2月25日：ダグラスDC-9初飛行。

1965 昭和40年

8月7日：ターミナルビル屋上に見学教材用のYS－11を組立。
9月30日：全日本空輸のジェットハンガー「東京第1号格納庫」完成。

1966 昭和41年

2月4日：全日本空輸の札幌発羽田行のボーイング727が東京湾に墜落、乗員乗客133名全員死亡。
3月4日：カナダ太平洋航空のダグラスDC－8が着陸に失敗して炎上、乗員乗客64名が死亡、8名が重軽傷。
3月5日：英国海外航空の羽田発香港行のボーイング707が富士山付近で墜落、乗員乗客124名全員死亡。
4月1日：札幌、東京、福岡の3航空交通管制本部制発足。
8月26日：日本航空のコンベア880が訓練飛行中、離陸に失敗し、航空局の試験官及び乗員4名死亡。
10月29日：全日本空輸、バイカウント828で夜間郵便専用便の運航を開始（羽田－名古屋－大阪、大阪－福岡）。
11月12日：日本航空、ダグラスDC－8で羽田－ニューヨーク線運航開始。

1967 昭和42年

3月6日：日本航空の世界1周西回り第1便のダグラスDC－8が出発（3月7日：東回りも出発）。
4月1日：中華航空がボーイング727で羽田線を開設。
4月18日：ツポレフTu－114により、日ソ共同運航の羽田－モスクワ線開設。
9月6日：東京航空保安事務所、羽田空港の騒音基準を設定。
10月17日：日本航空、貨物専用機ダグラスDC－8F、羽田－サンフランシスコ線に

1966年
7月4日：政府は、新東京国際空港を成田市三里塚地区に正式決定。

1967年
4月9日：ボーイング737初飛行。
7月30日：新東京国際空港公団発足。
8月1日：航空機騒音防止法公布。
10月1日：運輸省航空局、地方組織として東京航空局と大阪航空局を設置。

就航。

12月27日：運輸省航空局、航空機騒音防止法適用第1号として、東京・大阪両国際空港周辺の小・中学校10校などに騒音防止対策事業費3億円の配分を決める。

1968 昭和43年

4月3日：フィリピン航空がダグラスDC－8で羽田線を再開。

6月28日：ヴァリグ・ブラジル航空がボーイング707で羽田線を開設。

7月12日：トランス・メディテラニアン航空がボーイング707Fで羽田線を開設。

7月25日：大韓航空がダグラスDC－9で羽田線を開設。

7月30日：エア・ベトナムがボーイング727で羽田線を開設。

8月1日：マレーシア・シンガポール航空がボーイング707で羽田線を開設。

12月26日：国内線出発ロビー拡張工事完了、供用開始。

1969 昭和44年

3月20日：海上保安庁、羽田航空基地に海難救助用としてYS－11を配置。

4月：日本航空ダグラスDC－6Bさよなら式典を挙行。

4月5日：サベナ・ベルギー航空がボーイング707で羽田線を開設。

5月15日：自動騒音記録装置、東京空港事務所で稼働開始。

5月25日：消防庁、羽田出張所開設。

6月20日：全日本空輸のボーイング737、羽田－大阪－福岡線に就航開始。

8月18日：小型機の離発着を禁止。

9月15日：フライング・タイガー航空が羽田線を開設。

11月1日：パキスタン航空が羽田線を開設。

1969年

2月9日：ボーイング747ジャンボジェット機初飛行。

3月2日：コンコルド初飛行。

1970
昭和45年

3月11日：パン・アメリカン航空のボーイング747初飛来。
3月28日：日本航空がモスクワ線自主運航開始。
3月31日：日本航空機「よど」号乗っ取り事件発生。
5月30日：国際線到着専用ビル竣工、6月1日供用開始。
7月1日：日本航空のボーイング747が太平洋線に就航。
7月4日：ハイジャック防止対策として、国内線改札口に金属探知器を設置。
8月17日：全日本空輸、厚木飛行場の使用を開始。羽田空港の混雑緩和のため、羽田－八丈島線9往復のうち2往復4便を厚木へ移した。
10月16日：ハイジャック防止対策として、国際線改札口に金属探知器を設置。

1971
昭和46年

2月21日：全日本空輸の国際線チャーター便第1便が香港へ出発。
3月18日：B滑走路が2500mに延長され、運用開始。
3月29日：エア・サイアムがダグラスDC－8により羽田線を開設。
3月30日：A滑走路を1200mに短縮し、滑走路横をスポットとして使用。

1972
昭和47年

1月1日：札幌オリンピックの聖火、沖縄から全日空特別機、ボーイング727で羽田に到着。
4月27日：運輸省、東京・大阪両国際空港の深夜早朝飛行禁止を実施。
6月12日：コンコルド試作機、デモフライトのため初飛来。
7月：マクダネルダグラスDC－10デモフライトで飛来。
7月：ロッキードL－1011トライスター、デモフライトで飛来。
8月1日：日本航空のボーイング747が羽田－那覇間に就航。

1970年
8月29日：マクダネルダグラスDC-10初飛行。
11月16日：ロッキードL-1011トライスター初飛行。

1971年
5月15日：日本国内航空と東亜航空が合併して東亜国内航空が設立。

1972年
5月15日：沖縄の施政権が返還された。

1973
昭和48年

8月1日：東亜国内航空、初のジェット化路線となる羽田－大分線をボーイング727で運航開始。
11月28日：整備地区に朝日、毎日、読売3新聞社の格納庫が完成。

6月16日：国内線第3出発ロビー供用開始。
10月7日：日本航空のボーイング747SRが羽田－那覇間に就航。
12月：A滑走路の離着陸を中止。

1974
昭和49年

3月10日：全日本空輸のロッキードL-1011トライスターが羽田－那覇間に就航。
9月29日：東京－大阪－上海－北京間の日中定期運航が開始。
10月1日：日本航空、ボーイング747F貨物機、羽田－サンフランシスコ－ニューヨーク線に就航。
10月31日：日本航空、日本初のジェット旅客機JA8001の引退式。同機は11月から整備訓練用機材として使用。
11月7日：UTAフランス航空が羽田線を開設。
11月20日：イラン航空がボーイング707で羽田線を開設。

1975
昭和50年

1月28日：運輸省航空局は、東亜国内航空に羽田－札幌、羽田－福岡の2幹線乗入れを認可し、3月1日からダグラスDC-9で運航を開始。
8月10日：日台航空路再開、中華航空の再開1番機が羽田に到着。
9月15日：日本アジア航空、羽田－台北線運航開始(日本側による1年5カ月ぶりの

1974年
4月21日：日本航空、台湾当局の日台路線停止措置により、日台路線休止。

再開)。

1976 昭和51年

3月1日：日本航空、ボーイング747用ハンガー完成。
4月26日：パン・アメリカン航空のボーイング747SP、初飛来。
7月1日：日本航空、マクダネルダグラスDC-10、羽田ー札幌、羽田ー福岡線に就航。

1977 昭和52年

11月19日：運輸省航空局が、東京国際空港と大阪国際空港周辺の民室防音工事方針を決めた。

1978 昭和53年

1月10日：日本航空、ボーイング747F貨物機、羽田ー香港線に就航。日本航空、ボーイング747F貨物機、羽田ーフランクフルト線に就航(ルフトハンザドイツ航空と共同運航)。
5月24日：中華航空を除く国際線が新東京国際空港に移転。
6月23日：全日本空輸、東亜国内航空の8路線など羽田空港の増便決定。
6月24日：国内線カウンターが新装オープン。
6月29日：運輸省、羽田空港発着を30便拡大。
7月20日：東亜国内航空、ダブルトラック3路線、羽田ー函館線、羽田ー熊本線、羽田ー鹿児島線を、ダグラスDC-9で開設。

1979 昭和54年

1月25日：全日本空輸のボーイング747SRが羽田ー札幌、羽田ー福岡間に就航。

1981 昭和56年

3月1日：東亜国内航空のエアバスA300が羽田ー鹿児島間に就航。

1978年
5月20日：成田の新東京国際空港が開港。

1983年
7月1日：日本エアコミューター、第3セクター方式で設立。
12月24日：日本航空、ダグラスDC-8、国内線より引退。

1985年
2月9日：日ソ航空交渉合意、日本航空のソ連上空通過が認可され、欧州への所要時間、2時間半短縮。
8月28日：航空審議会第2回空港・航空保安施設整備部会、第5次空港整備5か年計画をまとめ、発表。関西国際、新東京国際、東京国際の3大幹線空港を建設・整備拡張など。
12月7日：「45・47体制(原則として、日本航空は国内幹線と国際線、全日本空輸は国内幹線及びロー

8月25日：東京国際空港開港50周年記念式典及び祝賀会が催された。

1982 昭和57年

2月9日：日本航空、ダグラスDC-8　350便羽田沖事故、乗員・乗客174名中、乗客24名死亡、乗員・乗客149名が負傷。

9月20日：50周年記念行事実行委員会は、空港消防署車庫玄関前の花壇にタイムカプセルを埋める。

12月12日：日本アジア航空、日台路線にボーイング747就航。

12月15日：全日本空輸、創立30周年記念式典を羽田乗員訓練センターで開催。

1983 昭和58年

2月23日：運輸省、羽田空港の沖合拡張整備計画を正式決定。

1984 昭和59年

1月26日：羽田空港沖合展開工事着手。

1985 昭和60年

8月12日：日本航空ボーイング747　123便事故、乗客・乗員524名中、520名死亡、4名生存。

1986 昭和61年

7月28日：運輸省、羽田空港の出発方式の見直しと米軍横田基地空域を横切る際の経路、高度の制限緩和を決定(8月28日から実施)。

1988 昭和63年

6月20日：シティ・エアリンク、羽田－成田間にヘリコプターの定期旅客便を初就航。ベル412型機(9人乗り)で1日8便。

7月2日：新A滑走路供用開始。

カル線、東亜国内航空はローカル線を担当)」廃止。

3月3日：全日本空輸、初の国際定期便、ロッキードL-1011トライスターによる成田－グアム線の運航開始。

1987年

4月1日：日本近距離航空、社名をエアーニッポンに変更。

10月22日：政府、政府専用機をボーイング747-400(2機)とすることを決定。

11月18日：日本航空、日航法廃止法施行で完全民間会社へ移行。

12月29日：日本航空、ボーイング727、グアム－熊本間のチャーター飛行を最後に引退。

12月31日：日本航空、ダグラスDC-8、プサン発成田行958便を最後に退役(60年8月以来27年間運航)。

1988 昭和63年
7月23日：新A滑走路供用開始に伴う発着枠拡大（1日あたり、発着計25便増）。
7月23日：日本エアシステム、羽田ー沖縄線をマグダネルダグラスDC－10及びエアバスA300で開設。

1989 平成元年
1月13日：1988年1年間の国内線利用客が開港以来初めて3000万人を突破。
7月22日：発着枠拡大に伴い、各社新路線開設。

1990 平成2年
4月1日：日本航空、ボーイング747－400、羽田ー福岡、羽田ー沖縄線に就航。
7月21日：日本航空、ボーイング767で、羽田ー広島線運航開始。
11月1日：全日本空輸、ボーイング747－400（テクノジャンボ）が羽田ー大阪線で運航開始。

1991 平成3年
7月：発着枠を1時間40便、3時間105便に拡大し、運用時間を午前6時から午後11時まで延長。
8月25日：東京国際空港開港60周年。
10月16日：日本ユニバーサル航空、羽田ー札幌線に貨物便運航開始。
11月13日：政府専用機、ボーイング747－400、到着。

1992 平成4年
10月1日：日本ユニバーサル航空、羽田ー千歳線の貨物便運航を休止。

1993 平成5年
4月1日：京浜急行、「羽田駅（現天空橋駅）」開業。
8月24日：全日本空輸、羽田新第1ハンガー竣工（内部に柱がないトラス構造のハン

1988年
4月1日：東亜国内航空、社名を「日本エアシステム」に変更。
7月1日：日本エアシステム、初の国際定期便、成田ーソウル線をエアバスA300で週5往復開設。

1989年
1月1日：全日本空輸、IATA（国際航空運送協会）に加盟。

1991年
10月30日：日本航空、アンカレッジ経由北回り欧州線が437便（パリ行）を最終便として、1961年6月開設以来の歴史を閉じる。

1992年
5月18日：日本航空、22年間活躍したボーイング747、1号機（JA8101）が、ホノルルー成田でラストフライト。

ガーとしては世界最大規模)。
9月12日:全日本空輸、マリンジャンボ就航。
9月16日:日本航空、羽田沖合地区施設(第1テクニカルセンター、羽田ラインストア、羽田車両整備工場)竣工。
9月22日:運輸省・日本空港ビルデング・航空各社、新旅客ターミナルビルにて、安全祈願祭、供用開始式典、および祝賀会を実施。
9月26日:旧ターミナルビル最終日。
9月27日:羽田空港の西側旅客ターミナルビル「ビッグバード」供用開始。日本空港ビルデング、各々オープニングセレモニーを実施。
12月13日:全日本空輸、マリンジャンボJr.就航。

1994
平成6年

6月10日:日本航空オペレイション・センターの取り壊し作業開始。昭和34年竣工以来35年の歴史に幕。

1996
平成8年

1月:西側旅客ターミナル利用の旅客数が通算1億人達成。
3月8日:日本エアシステム、YS-11が、南紀白浜-羽田行548便を最後に路線から引退。

1997
平成9年

3月27日:新C滑走路供用開始。運用1番機として日本航空機が福岡に向け出発。
4月1日:日本エアシステムのボーイング777が、羽田-福岡線、羽田-札幌線に就航。
6月17日:東京モノレール、開業以来の乗客総数が10億人を突破。

1993年
7月1日:南西航空が、日本トランスオーシャン航空に社名変更。

1994年
9月4日:関西国際空港が開港。

1997年
1月20日:ハーレクィンエアを設立。
4月1日:日本航空、ボーイング737運航会社として、ジャルエクスプレスを設立。
9月29日:北海道エアシステム設立。

7月1日：新C滑走路供用開始に伴い、午後11時から午前6時までの発着が可能となり、24時間化がスタート。

1998 平成10年

3月20日：暫定国際線旅客ターミナル開業。

9月11日：全日本空輸、羽田発20年ぶり国際線チャーター便出発（羽田－ホノルル、ボーイング747－400）。1978年成田空港開港以来初。

11月18日：京浜急行の「羽田空港駅」が開業。

12月：国内線旅客数が年間5000万人達成。

1999 平成11年

2月3日：「赤鳥居」の移転作業開始（800m移設）。

2000 平成12年

3月23日：新B滑走路供用開始。

7月1日：日本航空・全日本空輸・日本エアシステム3社共同で、東京（羽田）－大阪（伊丹・関西）間でシャトル便の運航を開始。

2001 平成13年

7月1日：エアーニッポン導入DHC－8－Q300の1番機、羽田－大島線に初就航。

2002 平成14年

4月：暫定国際線旅客ターミナル－西側旅客ターミナル間の無料連絡バスを運行開始。

4月17日：中華航空とエバー航空の国際定期便、羽田最終日。翌18日から成田発着に。

5月：暫定国際線旅客ターミナル増改築工事竣工。

2003
平成15年

12月：国内線旅客数が年間6000万人達成。

11月5日：全日本空輸、初の深夜貨物便が就航（羽田－新千歳、ボーイング777-300）。

11月30日：日韓国際チャーター便開始。羽田－ソウル（金浦）間に日本航空、全日空、大韓航空、アシアナ航空が1日各1往復ずつ就航。

2004
平成16年

12月1日：羽田空港第2ターミナルオープンに伴い、従来の西側旅客ターミナルが第1ターミナルに名称変更され、全面的に日本航空グループで使用開始。

12月1日：東京モノレール、「羽田空港第2ビル駅」開業。

2005
平成17年

5月20日：ターミナル開館50周年。

2006
平成18年

3月10日：全日本空輸、「スーパージャンボ」ボーイング747SRが引退。

6月20日：東京国際空港ターミナル（T－AT）設立。

2007
平成19年

2月15日：羽田空港第2ターミナルに「南ピア」オープン。

9月29日：羽田－上海（虹橋）間の国際チャーター便運航開始。日本航空、全日本空輸、中国東方航空、上海航空が運航。

2008
平成20年

3月16日：スターフライヤーが羽田－北九州線に初就航。

1月12日：新管制塔供用開始。

2004年

4月1日：日本航空が日本航空インターナショナルに、日本エアシステムが日本航空ジャパンに各々社名変更し再編、日本航空／日本エアシステム完全統合体制発足。

2005年

2月17日：中部国際空港（セントレア）開港。

2010 平成22年

9月30日：日本航空、マクダネルダグラスMD－81ラストフライト、1226便三沢↓羽田。

10月13日：第2ターミナル増築部（本館南側）供用開始。

10月21日：D滑走路、国際線ターミナル供用開始。

10月31日：羽田空港に32年ぶりの国際線定期便復活。JL002（羽田↓サンフランシスコ）ボーイング777－200が出発。

2011 平成23年

1月13日：海上保安庁のYS－11が引退。最後の機体は「ブルーイレブン／JA8701」。

5月31日：日本航空、エアバスA300－600R引退。

2013 平成25年

4月8日：第2ターミナルビル南ピア（本館南側）71－73番スポット供用開始。

2014 平成26年

3月30日：国際線ターミナル拡張部（サテライト）供用開始。固定スポット（搭乗口）が10カ所から18カ所に。

12月11日：C滑走路の南東（D滑走路側）へ360m延伸が完成し、供用開始。

2019 令和元年

12月5日：国際線ターミナルサテライト部分に新設した140－141番搭乗口の供用開始。固定スポット（搭乗口）が18カ所から20カ所に。

12月26日：国際線ターミナルチェックインカウンター北側拡張エリアの供用開始。

2020 令和2年

3月14日：国際線ターミナルを「第3ターミナル」に名称変更。

2021 令和3年

3月29日：新飛行経路運用開始。国際線の大幅増便が可能に。

3月29日：第2ターミナル南側の国際線エリア供用開始。ただし、新型コロナウイルスによる減便の影響で、第2ターミナルの国際線施設は4月11日から閉鎖されていたが、2023（令和5）年7月19日から利用再開。

7月15日：第3ターミナルのサテライトに隣接する場所に、国際線ビジネスジェット専用ゲート供用開始。

2023 令和5年

1月31日：第3ターミナルに直結した商業施設「羽田エアポートガーデン」開業。

11月16日：「羽田イノベーションシティ（HＩCｉｔｙ）」グランドオープン。

2022年

3月12日：羽田空港と川崎市を結ぶ「多摩川スカイブリッジ」開通。

おわりに

「羽田航空宇宙科学館推進会議（ＨＡＳＭ）」。少々長くて覚えにくい名前だが、これが私たちの会である。

「世界各国では、歴史的な飛行機がきれいな状態で保存されています。飛行機は、素晴らしい芸術品に匹敵する民族の遺産と考えるべきでしょう。こうした遺産を後世に伝え、後に続く未来の人びとに夢を与えたい。そのためには博物館が必要です。親子連れや恋人同士が楽しみながら見て触れて、航空宇宙の歴史や未来を体験できる、そんな場をぜひ羽田に設立してほしい」と、精神科医にして随筆家、そして当会の設立者である故・斎藤茂太先生が遺された言葉だ。

残念ながら、まだ羽田に「博物館」があるわけではないが、航空機や航空史に関する資料の収集や展示、それに研究、普及、教育といった博物館そのものの「機能」こそが、私たちの日々の活動である。

そうした一つとして、２０２２年12月のある日、羽田空港の古い写真が数千枚ほど出てきたので見てもらいたいという依頼があった。

驚いたことに、今まで一度も目にしたことがない写真ばかりであった。

聞くと、これらは羽田空港旅客ターミナルビルの建設・管理・運営を行っている日本空港ビルデング株式会社の写真部によるものであり、どれもが羽田の歴史を物語る大変貴重な写真だったのである。

ただ、未整理なうえに日付や場所など撮影データが一切失われていたため、いつごろのもので何が写っているのか、そしてそれが歴史的にどういう評価なのか、という「鑑定士」のような作業から開始せざるを得なかった。

幸いなことにというか、本書にもあるように日本の「サグラダ・ファミリア」こと羽田は工事が絶えることがなく、時代によって幾度もその姿を大きく変えているため、だいたいの時期と被写体の特定はできる。

こうして、私たちも監修として参加し、2023年4月に発売されたのが、写真集「羽田空港アーカイブ　1931-2023」（徳間書店）である。

また、この年は日本空港ビルデング株式会社設立70周年にあたるため、第1ターミナルビル5階の特設会場で、特別展「The History of HA

NEDA／羽田空港が、見てきた風景。」が開催され、当会も展示品などで特別協力をした。

二代目ターミナル時代は、航空知識の普及と教育を目的とした「航空教室」や「航空適性検査室」などが当時のターミナル3階にあったが、現在のターミナルになってから、こうした本格的な展示は初めてではないだろうか。

当初、5月から8月までの会期であったが大好評だったため、9月に大規模な展示替えをし、12月まで延長されたこの展示会では、私たちも多くの出会いと発見を得ることができた。

本書でも紹介した「エアポート・ホステス」のOGの方や、日本航空がジャンボを導入した際にパンフレットのモデルになった元CAの方も来場され、当時の話を聞くことができたり、またわざわざ大切な写真や資料を持ってこられたり、羽田での思い出などを伺ったりすると、やはりこの空港の長く深い歴史を改めて感じさせるのであった。

夢中になって旅客機のモデルを眺めている親子や、写真を前に語り合っているカップルたちの姿は、斎藤茂太先生の夢に一歩近づいたのではないだろうか。

「博物館」というのは、骨董屋のようにただ古物を飾っておくわけではなく、こうして人々が交流する空間であり、新たな発見の場であるのというのも、その使命なのである。

この展示会を通じて思ったのは、羽田空港について知られているようでいて、実は案外と知られてないことが多い、という事実である。

年間8700万人もの利用者が行き来しているにも関わらず、羽田の生い立ちや、どうしてここまで世界トップクラスの空港になれたのか、そしてその魅力や面白さがあまり知られてないのである。

本書には、そうした「あなたの知らない羽田空港がここにある」といっていいだろう。

もし本書によって、次に空港へ行く時はちょっと違った「羽田」の姿を見ることになれば幸いである。

最後に、私たちに多くの示唆と協力をいただいた日本空港ビルデング株式会社の皆さま、そして執筆の機会を与えていただいた株式会社徳間書店編集の安田宣朗氏、株式会社ムーブエイトの角谷康氏、村田尚之氏への謝辞としたい。

参考文献

平木国夫「羽田空港の歴史」朝日選書
東京国際空港開港 50 周年記念行事実行委員会「羽田開港 50 年」
徳間書店編「羽田空港アーカイブ 1931-2023」徳間書店
日本のエアポート０１「羽田空港」イカロス出版
日本空港ビルデング株式会社「ターミナル・ビル五年の歩み」
日本空港ビルデング株式会社「東京国際空港ターミナル・ビル十年の歩み」
日本空港ビルデング株式会社「東京国際空港ターミナル・ビル１５年の歩み（1955-1970）」
秋山龍「欧米主要空港視察報告書」日本空港ビルデング株式会社
「信仰美談　穴守稲荷」明治３５年
金子市右衛門編「穴守稲荷神社縁起」明治３６年
橋爪隆尚「羽田史誌」羽田神社
羽田小学校編「羽田郷土誌」
京浜急行電鉄株式会社編「京浜急行八十年史」
日本国有鉄道「鉄道終戦処理史」
日本航空株式会社編「日本航空 10 年の歩み 1951-61」
全日本空輸株式会社編「大空へ十年」
一般社団法人日本女性航空協会「空のワルツ」第 700 号
鈴木勇一郎「電鉄は聖地をめざす」講談社選書メチエ
森重和雄編・著「羽田時空旅行」風狂童子
帆足孝治「パン・アメリカン航空物語」イカロス出版
唯野邦男「進化する羽田空港」成山堂書店
秋本俊二「羽田空港のひみつ」PHP 新書
園山耕司「よくわかる航空管制」秀和システム
中村寛治「図解　飛行機の話」日本文芸社
齊藤成人「最高の空港の歩き方」ポプラ新書
Airline 編集「出発進入経路マップ Ver.4」イカロス出版
イカロス MOOK「航空無線ハンドブック 2021」イカロス出版
山田修爾「ザ・ベストテン」ソニー・マガジンズ
宮永正隆「ビートルズ来日学」ディスクユニオン
一般社団法人東京都地質調査業協会「技術ノート（No.49）特集：東京国際空港」
国際航空ニュース社「AIRPORT REVIEW」
運輸省第二港湾建設局東京空港工事事務所「東京国際空港新 C 滑走路竣工記念 OKITEN NOW 沖合展開事業情報誌 バックナンバー集（VOL.1 ～ VOL.22）」

羽田航空宇宙科学館推進会議（HASM）

開港以来90余年の歴史を有し民間航空発祥の地である羽田に航空宇宙科学館をつくることを目的に、1987年（昭和62年）発足の「ジェット旅客機（JA8001富士号）保存世話人会」を母体とした航空関係者や航空ファンを会員とする団体。2010年（平成22年）からはNPO法人として科学館設立の推進運動を進める。活動内容は、羽田をテーマとした写真や史料を収集・展示する「羽田航空博物館展」、羽田と航空に関するさまざまな記事を掲載する会報「羽田の青い空」の年４回編集発行、子どもから大人まで幅広い世代に航空機の魅力を伝える「電動ヒコーキフライト体験会」や「こども紙飛行機教室」、そして日本が誇る国産旅客機YS-11量産第一号機を所蔵する科博廣澤航空博物館との協力、実際の機体や航空関連資料を収集し保管展示するプロジェクトなど、バーチャル・ミュージアムを含め科学館設立のため多角的なアプローチを行っている。初代会長は精神科医・作家の斎藤茂太氏。

●執筆／星加正紀、小山正人

●編集協力／角谷康（ムーブエイト）、村田尚之

●装丁・本文デザイン／田中玲子　●装画／佐野路

●DTP／キャップス

羽田空港おもしろ事典
「東京の空の玄関」の不思議とヒミツ

2024年3月31日　初版第1刷発行

著　者　羽田航空宇宙科学館推進会議
発行者　小宮英行
発行所　株式会社 徳間書店
　〒141-8202　東京都品川区上大崎 3-1-1 目黒セントラルスクエア
　電話　【編集】03-5403-4350　【販売】049-293-5521
　振替　00140-0-44392
印刷・製本　図書印刷株式会社

ISBN978-4-19-865783-3